ÇA ROULE !

Catalogage avant publication de Bibliothèque
et Archives nationales du Québec et Bibliothèque
et Archives Canada

Beaulieu, Danie
    Ça roule !
    (Collection Psychologie)
    Pour les jeunes.
    ISBN 978-2-7640-1543-8
    1. Adolescence – Ouvrages pour la jeunesse. 2. Adolescents – Psychologie – Ouvrages pour la jeunesse. 3. Relations humaines – Ouvrages pour la jeunesse. I. Titre.
II. Collection : Collection Psychologie (Éditions Quebecor).

HQ796.B33 2010   j305.235   C2009-942441-X

© 2010, Les Éditions Quebecor
Une compagnie de Quebecor Media
7, chemin Bates
Montréal (Québec) Canada
H2V 4V7

Dépôt légal : 2010
Bibliothèque et Archives nationales du Québec

Pour en savoir davantage sur nos publications,
visitez notre site : www.quebecoreditions.com

Éditeur : Jacques Simard
Conception de la couverture : Bernard Langlois
Illustration de la couverture : Istock
Conception graphique : Sandra Laforest
Illustratrice : Nadia Berghella
Infographie : Claude Bergeron

Imprimé au Canada

DISTRIBUTEURS EXCLUSIFS :

• Pour le Canada et les États-Unis :
  MESSAGERIES ADP*
  2315, rue de la Province
  Longueuil, Québec J4G 1G4
  Tél. : (450) 640-1237
  Télécopieur : (450) 674-6237
  * une division du Groupe Sogides inc.,
  filiale du Groupe Livre Quebecor Média inc.

• Pour la France et les autres pays :
  INTERFORUM editis
  Immeuble Paryseine, 3, Allée de la Seine
  94854 Ivry CEDEX
  Tél. : 33 (0) 4 49 59 11 56/91
  Télécopieur : 33 (0) 1 49 59 11 33

  Service commande France
  Métropolitaine
  Tél. : 33 (0) 2 38 32 71 00
  Télécopieur : 33 (0) 2 38 32 71 28
  Internet : www.interforum.fr

  Service commandes Export –
  DOM-TOM
  Télécopieur : 33 (0) 2 38 32 78 86
  Internet : www.interforum.fr
  Courriel : cdes-export@interforum.fr

• Pour la Suisse :
  INTERFORUM editis SUISSE
  Case postale 69 – CH 1701 Fribourg –
  Suisse
  Tél. : 41 (0) 26 460 80 60
  Télécopieur : 41 (0) 26 460 80 68
  Internet : www.interforumsuisse.ch
  Courriel : office@interforumsuisse.ch

  Distributeur : OLF S.A.
  ZI. 3, Corminboeuf
  Case postale 1061 – CH 1701 Fribourg –
  Suisse

  Commandes : Tél. : 41 (0) 26 467 53 33
  Télécopieur : 41 (0) 26 467 54 66
  Internet : www.olf.ch
  Courriel : information@olf.ch

• Pour la Belgique et le Luxembourg :
  INTERFORUM BENELUX S.A.
  Fond Jean-Pâques, 6
  B-1348 Louvain-La-Neuve
  Tél. : 00 32 10 42 03 20
  Télécopieur : 00 32 10 41 20 24

Gouvernement du Québec – Programme de crédit d'impôt pour l'édition
de livres – Gestion SODEC.

L'Éditeur bénéficie du soutien de la Société de développement des entreprises culturelles du Québec pour son programme d'édition.

Nous reconnaissons l'aide financière du gouvernement du Canada par l'entremise du Programme d'aide au développement de l'industrie de l'édition (PADIÉ) pour nos activités d'édition.

Danie Beaulieu, Ph. D.

ÇA ROULE!

Guide pratique
pour que tout se déroule plus
facilement à l'adolescence

LES ÉDITIONS
Quebecor
Une compagnie de Quebecor Media

Remerciements

C'est le premier livre que j'écris en étant aussi choyée. Dès le départ, j'ai eu la chance de travailler avec des ados qui m'ont donné leur point de vue sur mon projet et sur les chapitres que je comptais écrire. Nous nous sommes réunis sur ma terrasse pendant au moins trois ou quatre heures ! La discussion a été des plus animées et dynamiques ! Et surtout, elle fut très enrichissante pour moi.

Par la suite, j'ai eu l'idée d'organiser un concours dans quelques écoles secondaires du Québec pour demander aux ados quels étaient leurs trucs «pour que tout roule plus facilement» avec leurs parents. Nous avons reçu une cinquantaine de lettres et courriels et en avons retenu dix. Je remercie sincèrement tous ceux qui ont fait l'effort de nous offrir leurs idées. Les écoles participantes ont été des plus généreuses, prenant en charge les photocopies pour le concours, distribuant les informations à leurs élèves et réservant même des cours à la rédaction des suggestions. Bravo pour votre dynamisme et sachez que je vous suis très reconnaissante pour votre soutien.

Après la rédaction, j'ai eu le privilège d'avoir 16 relecteurs et superviseurs adolescents, deux sexologues, un médecin et deux parents ! J'ai donc pu profiter des commentaires de chacun et les intégrer à mon livre avant qu'il se retrouve entre vos mains. Merci, merci à tous pour votre contribution, votre temps et vos suggestions constructives.

Je veux remercier Caroline Beauséjour, Sylvie Bélanger, Jennifer Bergeron-Proulx, Sarah Bérubé, Ingrid Boivin, Dania Boutin, Charlotte

Brown, Louis-Bernard Cayron, Laurie Fournier, Jordane Gauthier-Beaulieu, Marie-Ève Larente, Antoine Leclerc, Jean-Thomas Leclerc, Gabrielle Légaré, Rose-Marie Ouellet-Larochelle, Noémie Paquette, Patricia-Isabelle Pouliot et Vanessa Thouin-Côté.

Je remercie également Mireille Baril, sexologue, qui a apporté son expertise pour le chapitre 5, soit celui qui porte sur l'identité et les relations sexuelles.

Merci aussi à Isabelle Labrie, médecin, qui a grandement contribué à améliorer la qualité des informations des chapitres 1 et 5.

Toute ma reconnaissance va également à Raymonde Martel et à Marie-Claude Abel, toutes les deux mères et collaboratrices fidèles, qui ont fourni leurs suggestions sur la première partie du manuscrit.

Les écoles secondaires qui ont participé au concours sont l'école secondaire Mont-Saint-Sacrement, l'école Montagnac, l'école La Taïga, la polyvalente Le Carrefour, l'école polyvalente Saint-Joseph et le collège de Sainte-Anne-de-la-Pocatière.

Je ne vous cacherai pas, cependant, que ma principale source d'inspiration fut mon bel ado, mon fils de 14 ans, Jordane. Pauvre lui ! Il en a entendu parler beaucoup plus que n'importe qui d'autre et il a été le cobaye pour tous mes trucs, sans aucune exception ! Merci, Jordane. J'espère que l'expérience n'aura pas été trop pénible pour toi.

Finalement, j'ai eu la chance de bénéficier de l'expertise de personnes au charisme exceptionnel pour la production du livre. Pour la première édition, toute ma gratitude va à Jacinthe Cardinal, éditrice, Michèle Blondeau, graphiste, et Nadia Berghella, illustratrice. Pour la présente édition, mes remerciements sincères à Dianne Rioux, coordonnatrice de la production, et Jocelyne Cormier, correctrice.

À tous, merci.

Avant-propos

Ça fait un bout que j'ai quitté l'adolescence. Je dois te dire que ça ne me manque pas du tout. Ça a été la période la plus difficile de ma vie et il semble que je ne sois pas la seule dans ce cas.

L'adolescence est non seulement une période d'évolution, mais souvent une véritable révolution. C'est la quête d'indépendance, d'autonomie. Réalisant que leur jeune va bientôt quitter la maison, certains parents paniquent. D'autres offrent des cours intensifs de bienséance... obligatoires! On dirait parfois des manufacturiers qui réalisent que leur produit n'est pas prêt à sortir de l'usine, comme s'il n'était pas entièrement «fini». Ils craignent alors de le mettre sur le marché! Au secours!

Ce livre n'a pas la prétention d'éliminer tous les problèmes que tu vis avec tes parents, l'école, les amis et les tsunamis que tu ressens intérieurement. Par contre, tu verras que parfois, c'est plus facile d'y arriver qu'on pourrait le croire... Il suffit souvent d'avoir le bon mode d'emploi.

Par exemple, comment pourrais-tu rendre l'affirmation suivante vraie en n'ajoutant qu'un seul trait?

$$3 + 4 + 5 + 6 = 355$$

À première vue, ça semble impossible! Puis, en y réfléchissant un peu, on se dit: «Ah! Ah! Je vais mettre mon trait sur le signe =, ça va régler le problème!»

$$3 + 4 + 5 + 6 \neq 355$$

N'est-ce pas une bonne métaphore pour illustrer ce qu'on est tenté de faire lorsqu'on rencontre des problèmes qui nous semblent insurmontables? On choisit la solution facile ou on laisse tomber. Mais essayons d'aller plus loin. Je te donne un indice: si tu enlèves le 5 et le 6 à l'équation, combien te reste-t-il? $(355 - 5 - 6 = 344)$ Vois-tu une façon d'y arriver avec les nombres qu'il te reste $(3 + 4)$?

En effet, si tu places ton trait sur le signe «+», tu obtiens un 4 et ainsi:

$$344 + 5 + 6 = 355$$

La leçon? Il suffit parfois d'ajouter un petit quelque chose pour que tout change pour le mieux très rapidement. Il y a donc de l'espoir! Tu peux améliorer la situation avec tes parents, à l'école, avec tes amis... bref, dans ta vie en général! Et ce ne sera probablement pas nécessaire de changer complètement tes valeurs ni de renoncer à tes souhaits les plus chers.

C'est précisément ce petit quelque chose que je t'offre dans ce livre; un petit quelque chose pour que «ça roule» plus facilement dans ta vie. La première partie porte sur les changements que tu vis dans ton corps et dans ta tête. Il sera bien sûr question de tes émotions, mais aussi des évolutions que connaît ta vie sociale et sexuelle. Dans la deuxième partie, je te donne des trucs pour réussir les tâches de l'adolescence. Garde en tête que chaque ado dispose d'environ 7 à 10 ans pour accomplir ces transformations.

Je tiens à te dire que j'ai été supervisée par 16 ados pour m'assurer de la pertinence des informations données ici ; je ne voudrais pas que tu te retrouves à lire 300 pages de trucs «pas rapport». En moyenne, les jeunes ont attribué de très bonnes notes à ce livre ! Entre 8 et 9,7/10 ! Ils m'ont aussi dit qu'ils n'avaient jamais lu un livre comme celui-ci, c'est-à-dire qui présente les informations et les trucs que les jeunes veulent vraiment avoir. J'espère que ce sera ton opinion à toi aussi.

Bonne lecture !

Danie

Le Big Bang de la puberté

As-tu entendu parler de la théorie du Big Bang, qui serait à l'origine de l'univers et de la vie sur terre ? Cette explosion de gaz cosmiques survenue il y a environ quatorze milliards d'années aurait réuni les éléments nécessaires pour créer la matière et la vie telles que nous les connaissons aujourd'hui.

La puberté est une sorte de Big Bang. C'est une explosion d'hormones qui fait place à une nouvelle vie en faisant éclater toutes les valeurs que tu avais et qui réunit les éléments nécessaires pour que tu deviennes adulte.

Dur, dur d'être ado

Savais-tu que les spécialistes s'entendent pour dire que l'adolescence est la période la plus difficile de la vie ? Pourquoi ? Parce que c'est la seule et unique fois qu'un humain traverse autant de changements aussi importants en ayant aussi peu d'expérience. Aucune autre période de la vie ne réunit toutes ces conditions.

Ton corps se métamorphose et tu ne sais pas comment tu vas finir : petit ou costaud, pansu ou boutonneux, p'tits seins ou gros seins ? Tu n'as plus le droit d'être un enfant, mais tu n'as pas les droits d'un adulte non plus. Caillou ne t'intéresse plus, alors qu'il n'y a pas si longtemps tu suivais toutes ses émissions religieusement (aussi religieusement que tu clavardes aujourd'hui). Tu dois faire ta place dans un nouveau groupe et adopter les règles de celui-ci pour être accepté. Tu apprends à gérer ton temps et ton argent, tu apprivoises ta sexualité et tu vis tes premières relations amoureuses (ce n'est pas une petite affaire !). Tu fais souvent des gaffes (ton estime en prend un coup!), tes humeurs changent plus vite que Speedy Gonzalez et tu découvres des parties de toi dont tu ignorais jusqu'à l'existence (et ça, ce n'est pas toujours une bonne nouvelle!). Les relations avec ta famille se compliquent et, à travers tout cela, il te faut participer aux tâches ménagères, réussir à l'école et te choisir une profession pour le futur!

L'adolescence, beaucoup plus qu'une transformation du corps

Tu as peut-être déjà réalisé que l'adolescence affecte plusieurs sphères de ta vie, et pas seulement ton corps. En fait, pour te préparer à assurer la reproduction de l'espèce, la nature opère des transformations sur quatre plans : ton corps, ton mental, tes émotions et tes comportements.

Pour que tous ces changements se réalisent bien et pour que tout « roule » plus facilement pour toi, j'ai rassemblé certaines informations qui risquent de t'intéresser. Je te promets qu'il y a au moins 20 « primeurs » pour toi dans les chapitres de cette première partie. Ce sont des données que tu ignores probablement pour le moment et qui peuvent faire une bonne différence dans ton parcours actuel. En effet, il y a beaucoup d'avantages à comprendre ce qui se passe à l'intérieur de toi. Tu verras.

Plan de la première partie

Au premier chapitre, il sera question de la partie la plus évidente de l'adolescence, c'est-à-dire des changements que tout le monde voit tout de suite : les changements corporels ! Tu verras à quoi tu peux t'attendre, quand, comment et pourquoi.

Par ailleurs, il faut bien le dire, les ados ont parfois mauvaise réputation. Plusieurs personnes vous accusent de changer d'idée constamment, d'agir sans avoir pris le temps de bien mesurer les conséquences, d'être agressifs, impolis ou impulsifs, de ne pas être dignes de confiance. Bref, pour toutes sortes de raisons, il n'est pas toujours facile pour les ados d'être en relation avec les autres. Tant mieux si ce n'est pas ton cas. Les chapitres 2 et 3 expliquent pourquoi il est parfois difficile de contrôler ses pulsions à l'adolescence. Tu découvriras entre autres le rôle du déficit de l'information, le handicap du préfrontal, l'influence d'Asafa Powell, le syndrome du *dimmer* ; bref, une foule d'idées nouvelles !

Tes parents ont dû te faire remarquer, surtout si tu as autour de 14 ans, que tu passes moins de temps avec eux et qu'ils ne te reconnaissent plus, qu'ils te trouvent plus distant. Si oui, tu n'es pas le seul dans cette situation. La transition de l'enfant vers le monde adulte implique également des modifications majeures dans le réseau social. Ces transformations s'opèrent malgré toi. En fait, il y a même des consé-quences négatives liées au fait de ne pas les traverser. On s'en reparle au quatrième chapitre.

Finalement, les termes «s'exprimer», «s'extérioriser» et «s'expli-quer» ont tous quelque chose en commun. Tu devines? Ce sont tous des verbes en «er»? Non, ce n'est pas la bonne réponse. Voici d'autres indices plus révélateurs: «s'extasier», «s'extensionner» (un néolo-gisme!), «s'exténuer»... Tu saisis? Ce que ces termes ont en commun, ce sont leurs premières lettres: «s'ex». Oui! Je parle bien ici de s-e-x-e. Voilà un autre «département» très important dont on fait la découverte et l'expérimentation à l'adolescence. Ce sera donc le sujet en vedette dans le cinquième chapitre. Tu vas ado... rer!

Le Big Bang

BIG révélations et vérités qui font BANG

Chapitre 1

Pourquoi et comment la puberté commence-t-elle ?

Répondons d'abord à la question « pourquoi ». *Le but ultime de dame nature : te rendre capable de reproduction et d'assurer la survie de l'espèce !* La seule et unique raison qui fait qu'on ne reste pas enfant toute notre vie est que les habitants de la planète doivent éventuellement grandir pour pouvoir se reproduire. Sinon, ce serait la fin de la vie humaine sur terre !

> Pour ta curiosité intellectuelle, le mot « puberté » vient du latin *pubere,* qui signifie « se couvrir de poils ».

Comment la puberté commence-t-elle ? C'est simple : la puberté est enclenchée par le travail des hormones, des substances chimiques produites par différentes parties de ton corps. Ces substances voyagent dans le sang et servent de moyen de transport pour véhiculer des informations et des « ordres » d'une partie à l'autre du corps. Comme Postes Canada, c'est une sorte de service postal qui livre les messages d'un «patron» à l'adresse précise d'un «employé» qui, dès la réception du message, devra effectuer une tâche précise. Il y a plusieurs petits et grands patrons à l'intérieur de toi. Et surtout, il y a des milliards d'employés. Les hormones sont très efficaces et beaucoup plus rapides et précises que Postes Canada; le service express est garanti non pas en 24 heures, mais en une fraction de seconde!

Ainsi, à l'adolescence, le courrier du «grand patron» (le cerveau) ordonne aux ovaires (chez les filles) de sécréter des œstrogènes (et d'autres hormones femelles) et aux testicules (chez les gars) de sécréter de la testostérone (et d'autres hormones mâles). À leur tour, ces hormones dites sexuelles voyagent à l'intérieur de toi de manière à te renforcer physiquement et à te préparer à donner la vie.

Changements physiques

La puberté se développe en cinq étapes, et ce, tant chez les filles que chez les gars. Si ça t'intéresse de savoir où en est ton développement, tu trouveras les détails de ces étapes un peu plus loin (page 23 pour les gars, page 29 pour les filles).

Je sais qu'il est souvent gênant de lire sur les transformations du corps à la puberté, surtout quand il est question de celles du sexe opposé. Par contre, il se passe tellement de choses qu'on veut savoir si on est normal et on se demande souvent quelle sera la prochaine surprise! On se pose plusieurs questions... Quand le pénis et les seins arrivent-ils à maturité? Quand pourrai-je enfin arriver au produit «fini» intégral? Mon ami a de la barbe et moi, j'ai encore une peau de bébé, mais on a le même âge. Lequel est normal? Ma sœur, qui a deux ans de moins que moi, a déjà ses menstruations alors que je n'ai toujours pas le moindre symptôme, quel est le problème?

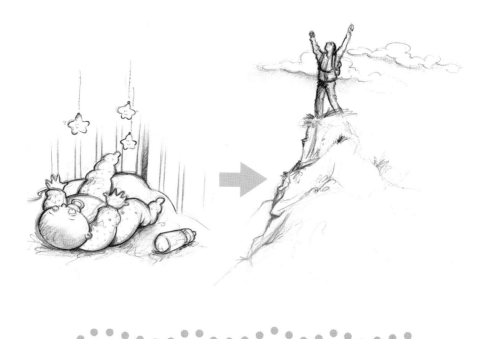

Test de croissance

Savais-tu qu'une radiographie peut indiquer si ta croissance est terminée? Un test destiné à déterminer l'âge des os peut confirmer que tu as achevé ton développement, du moins sur le plan physique. Ton corps possède plusieurs plaques de croissance (les endroits où la croissance s'effectue), situées dans les os. Elles cessent leur croissance d'une manière très prédictible et par étapes, selon les parties du corps. Le radiologiste possède des tables de référence pour évaluer où en est la maturation de l'os. Une fois les plaques fermées, aucune croissance n'est possible.

J'ai mis le paquet ici. Je te donne des informations que tu ne retrouveras probablement pas ailleurs ou, du moins, pas de façon aussi complète. J'avoue que plusieurs ados m'ont dit que j'y étais allée fort mais, comme la plupart d'entre eux pensaient que ça pouvait t'être utile, j'ai choisi de conserver ce qui suit.

Informations générales sur la puberté

Les changements que tu vivras à la puberté et l'apparence que tu auras après le Big Bang sont en grande partie liés à l'hérédité. Ainsi, il est impossible de prédire le type de transformations que tu connaîtras et l'âge auquel tu arriveras aux différentes étapes. Cela peut varier énormément d'une personne à une autre.

Si tu ne grandis pas aussi vite que tes amis, ne t'inquiète pas. Le temps est souvent ton meilleur allié. Plus la puberté commence tardivement, plus les transformations s'effectuent rapidement. Il est donc possible que tous tes amis soient plus grands que toi à 13 ans, mais que tu les aies dépassés à 15 ans.

La puberté des filles commence jusqu'à deux ans avant celle des gars. Puisque ce sont elles qui doivent porter les enfants, la nature les prépare plus tôt à accomplir leur «devoir».

Les extrémités (pieds, mains) ont tendance à se développer plus rapidement au début de la puberté que les autres parties du corps.

Attention! pour gars seulement

Voici en détail les étapes de croissance qui surviennent chez les gars à la puberté[1].

1re étape

Âge habituel: 9 à 12 ans, en moyenne 10 ans.

Les hormones mâles (principalement la testostérone) deviennent actives, mais il y a très peu de changements visibles. Les testicules grossissent. Chez certains garçons, une période de croissance physique rapide commence vers la fin de cette étape.

2e étape

Âge habituel: 9 à 15 ans, en moyenne 12-13 ans.

Les testicules et le scrotum grossissent, mais le pénis ne change pas beaucoup. Quelques poils apparaissent à la base du pénis. Le corps grandit et se transforme. Les épaules s'élargissent.

---

1. Source: *Puberty 101 Archives* (www.puberty101.com).

3ᵉ étape

Âge habituel : 11 à 16 ans, en moyenne 13-14 ans.

Le pénis commence à s'allonger, mais il ne s'élargit que très peu. Les testicules et le scrotum continuent à grossir. Les poils du pubis commencent à devenir plus foncés et frisés. Ils s'étendent vers les jambes. La croissance du corps se poursuit. Le corps et le visage ressemblent davantage à celui de l'adulte.

La voix devient plus grave (d'abord par intermittence) du fait que les cordes vocales deviennent plus longues et plus épaisses. Des poils poussent autour de l'anus.

4ᵉ étape

Âge habituel : 11 à 17 ans, en moyenne 14-15 ans.

La largeur du pénis augmente et l'élongation se poursuit. Les testicules et le scrotum continuent de grossir. Les poils pubiens prennent la texture qu'ils auront à l'âge adulte, mais ne couvrent encore qu'une petite partie du pubis. La plupart des gars ont leur première éjaculation à cette étape (souvent pendant la nuit). Les poils des aisselles et du visage font leur apparition. La voix devient de plus en plus grave et la peau plus huileuse.

5ᵉ étape

Âge habituel : 14 à 18 ans, en moyenne 16 ans.

Le corps et les organes génitaux ont presque atteint leur grandeur adulte. Les poils du visage se manifestent davantage et le rasage devient nécessaire. Pendant la fin de l'adolescence et jusqu'au début de la vingtaine, quelques hommes continuent de grandir un peu et il peut arriver qu'ils voient apparaître plus de poils sur leur corps, surtout au thorax.

Il est fréquent chez tous les hommes d'avoir des érections spontanées sans qu'aucune stimulation physique ou sexuelle ne les déclenche. Ce phénomène se produit aussi chez l'enfant. Bien qu'embarrassantes et pouvant parfois durer plusieurs minutes, ces érections sont tout à fait normales et tendent à se manifester plus fréquemment à l'adolescence.

Réservé aux gars de 14 ans et moins

Si tu n'as pas été circoncis à la naissance et que ton prépuce recouvre complètement to gland (OK, en français, ça veut dire qu'il y a une peau qui cache entièrement le bout de ton pénis), il est important de le dilater régulièrement sous la douche en tirant la peau qui recouvre ton pénis vers ton corps pour dégager éventuellement le gland. Chaque fois qu'une partie se dégage, il est normal de voir une substance blanchâtre sortir. Elle sert de protecteur antimicrobien (comme le cérumen – la cire – qui protège les oreilles). Cela ne veut pas dire qu'on doit négliger l'hygiène pour autant. Ce processus se termine normalement au plus tard à 14 ans.

La gynécomastie,
ça te dit quelque chose?

Cœurs sensibles, s'abstenir

La gynécomastie est une condition qui survient chez environ 60 % des garçons de 12 à 14 ans. Il s'agit du développement des seins (ou à tout le moins d'un embryon de sein)! Oui, c'est possible! Très peu de personnes savent que les hommes possèdent du tissu mammaire, tout comme les femmes, sous les mamelons. En fait, c'est la sécrétion d'œstrogènes et de testostérone, deux hormones que les représentants des deux sexes développent en bonne quantité à la puberté, qui est responsable de l'apparition de ces formes. Il peut aussi y avoir un élargissement de l'aréole (c'est ainsi qu'on nomme le cercle pigmenté qui entoure le mamelon) ou une intensification de sa teinte brunâtre. Normalement, ces manifestations disparaissent d'elles-mêmes après la poussée de croissance, lorsque la sécrétion d'œstrogènes cesse (ou reprend des proportions moins importantes). Encore une fois, je le répète: ces réactions sont tout à fait normales. Cependant, si elles perdurent ou si les seins deviennent trop apparents, il est justifié de consulter le médecin.

En général, la croissance du pénis s'accélère après que les premiers poils du pubis ont fait leur apparition et se poursuit sur une période pouvant durer environ quatre ans. En moyenne, une fois la maturation terminée, le pénis mesurera entre cinq et neuf centimètres lorsqu'il sera mou (cela dépendra aussi de la température et des émotions) et entre 12 et 16,5 centimètres lorsqu'il sera en érection. La longueur et la grosseur finales du pénis ne sont pas liées à la grandeur de l'adulte. Elles dépendent davantage de l'hérédité. Elles n'ont pas non plus d'impact sur la performance ni sur la satisfaction sexuelle.

J'ai un testicule plus bas que l'autre!

As-tu remarqué que ton testicule droit se trouve légèrement plus bas que le testicule gauche? C'est parce que l'approvisionnement en sang des deux côtés est différent. Les testicules sont soutenus par une sorte de corde – comme une corde de bungee! – qui s'appelle la corde spermatique. C'est elle qui contient les nerfs, les artères, les veines et le conduit pour le sperme. La corde spermatique de droite s'attache à la veine cave inférieure, alors que celle de gauche est connectée à la veine rénale gauche, plus haute que l'attachement de droite! Alors, ne t'inquiète pas si tu vois une différence entre les deux! T'es normal!

Miroir, miroir, dis-moi...

T'es-tu déjà demandé pourquoi tu échappais souvent des choses? Es-tu de ceux à qui il arrive fréquemment des accidents? T'arrive-t-il de briser tes crayons et tes objets personnels? De foncer dans un ami dans les corridors de l'école? Pourquoi toutes ces mésaventures? La réponse est simple: ton corps change tellement vite que ton cerveau n'a pas le temps de s'adapter.

En général, les ados passent spontanément pas mal de temps devant le miroir; c'est une très bonne idée! Chaque jour ou presque, l'ado découvre de nouvelles parties de lui-même: un muscle a grossi, un poil vient de faire son apparition, le visage s'est allongé! C'est une excellente habitude que de s'observer régulièrement parce que de l'intérieur, il est difficile de réaliser l'envergure des transformations. Le fait de voir ton reflet dans le miroir t'aide donc à t'adapter à ton nouveau corps.

Attention! pour filles seulement

Si tu veux savoir où tu te situes actuellement dans ta puberté, vérifie les étapes décrites ci-dessous[2].

1re étape

Âge habituel: 8 à 11 ans, en moyenne 9 ans.

Il n'y a aucune manifestation extérieure apparente, mais les ovaires commencent à grossir et la production d'hormones commence.

2e étape

Âge habituel: 8 à 14 ans, en moyenne 11-12 ans.

Le premier signe visible de la puberté est l'apparition d'un bourgeon sous le mamelon, souvent d'un seul côté d'abord. L'aréole (autour du mamelon) s'agrandit et devient plus foncée. Le corps de la fille peut aussi changer considérablement (tant en ce qui a trait à la hauteur qu'à la «largeur»). Les premiers poils pubiens apparaissent d'abord parsemés, fins et droits plutôt que frisés.

3e étape

Âge habituel: 9 à 15 ans, en moyenne 12-13 ans.

La croissance de la poitrine se poursuit et les poils du pubis deviennent plus gros et plus foncés, bien que toujours parsemés. Le vagin s'élargit et peut commencer à produire un liquide clair ou blanchâtre, comme une sorte d'autonettoyant. Certaines filles vivent leurs premières menstruations vers la fin de cette étape.

---

2.   Source: *Puberty 101 Archives* (www.puberty101.com).

4ᵉ étape

Âge habituel : 10 à 16 ans, en moyenne 13-14 ans.

Les poils pubiens commencent à ressembler à ceux de l'adulte, mais ne couvrent toujours pas l'ensemble de la région. Les poils aux aisselles apparaissent ainsi que les menstruations. L'ovulation (le relâchement d'œufs, appelés ovules, destinés à être fécondés) n'est pas encore constante.

5ᵉ étape

Âge habituel : 12 à 19 ans, en moyenne 15 ans.

La jeune fille est devenue adulte. La croissance du corps, des seins et des poils pubiens est terminée. Les menstruations sont bien établies et l'ovulation a lieu chaque mois.

Virginité et tampons hygiéniques

Plusieurs jeunes filles ont peur de porter des tampons hygiéniques, du moins la première fois. « Vais-je rester vierge ? » « Est-ce que ça va faire mal ? »

Mettre un tampon quand on n'a pas encore eu de rapports sexuels n'est pas toujours facile la première fois. Il faut bien se détendre et enfoncer le tampon dans l'axe du vagin (légèrement vers le haut, en oblique, en visant le creux du bas du dos). Assure-toi de l'insérer assez loin, de façon que tu ne puisses plus le sentir à l'entrée de ton vagin. Ton espace intérieur étant bien délimité par rapport à la cavité abdominale, il est impossible que tu n'arrives pas à le récupérer par la suite.

Il existe des minitampons, plus petits que les réguliers, qui possèdent des applicateurs faciles à insérer et biodégradables. C'est ce que je te recommande pour une première utilisation.

Quant à savoir si tu vas rester vierge ou non, je dirais qu'il faut d'abord définir ce qu'est véritablement la virginité. Sur le plan physique, la virginité est associée au fait que l'hymen n'est pas déchiré. L'hymen est une petite membrane qui ferme partiellement l'orifice vaginal, à environ un à deux centimètres de l'entrée de celui-ci. L'obturation n'est que partielle pour permettre l'écoulement des règles.

L'hymen peut prendre au moins neuf formes différentes, allant de l'hymen quasiment inexistant à un hymen cribriforme, qui obstrue presque complètement le vagin et qui rend l'insertion d'un tampon ou même d'un doigt presque impossible. Dans ces cas, une petite chirurgie simple visant à pratiquer une ouverture permet de corriger le problème. Toutefois, cette situation est exceptionnelle.

En général, l'hymen peut laisser passer un tampon sans se déchirer. Il n'y a donc aucun risque à l'utiliser. Par contre, ce n'est pas toujours évident de savoir si ton hymen est déchiré ou pas puisque certains sont très tolérants, c'est-à-dire qu'ils vont s'étirer plutôt que de se briser. Dans la majeure partie des cas, cependant, la rupture de l'hymen amène une petite douleur et l'écoulement d'une petite quantité de sang. Elle survient généralement lors de la première relation sexuelle.

Premières menstruations

Si tu as commencé à voir des pertes blanchâtres dans tes petites culottes, tu te trouves vraisemblablement dans la 3e étape de la puberté. Tes menstruations ne devraient pas tarder. Quand ça survient à l'école ou dans un endroit public la première fois, ça peut être gênant, surtout si tu n'es pas préparée! Pour t'éviter de te retrouver dans une situation embarrassante, je te recommande de garder avec toi des serviettes hygiéniques à partir du moment où tu te trouves dans ce stade. Ainsi, tu auras peut-être le temps de réagir avant que l'écoulement soit trop abondant.

Autre point de référence: les menstruations surviennent en général deux ans après le début du développement des seins.

Faire le plein de super

Pourrais-tu faire de la tarte aux pommes avec du sable et de la litière usagée? La réponse est évidente! Or, tu demandes parfois à ton corps de faire des muscles, de fabriquer des os et d'allonger tes vaisseaux avec des aliments qu'il ne peut pas utiliser: trop de sucres, de malbouffe (croustilles, boissons gazeuses, etc.), de tabac, de drogues ou d'alcool. Certaines personnes refusent même de donner la nourriture nécessaire à leur corps sous prétexte qu'elles se trouvent déjà trop grosses. Ton corps a déjà beaucoup à faire à l'adolescence! Évite de lui demander en plus de transformer tes graisses pour se procurer tous les ingrédients dont il a besoin. Tu dois lui fournir au moins le minimum requis pour qu'il assure ton développement normal. Cela dit, d'autres personnes donnent beaucoup trop de nourriture à leur corps; une partie de leurs énergies doit alors être utilisée pour stocker le surplus accumulé.

Heureusement, le corps a plusieurs façons de te dire qu'il n'est pas satisfait: à défaut de mots, il te donne des maux! Il se peut que tu ressentes de la fatigue, des nausées ou des maux de tête; tu pourrais aussi éprouver des sentiments de déprime, d'irritabilité ou d'anxiété, ou avoir de la difficulté à te concentrer.

Si tu veux faire un tabac, lâche le tabac!

L'absorption prématurée de nicotine peut laisser une trace durable dans le cerveau. Edward Levin, de l'université Duke à Durham, en Caroline du Nord, a démontré que les rats adolescents de sexe féminin choisissaient d'absorber deux fois plus de nicotine que les adultes, proportionnellement à leur poids. Le problème est qu'une fois adultes, ces mêmes rats ont continué à prendre le double de nicotine. Il conclut donc que si le cerveau se développe dans un contexte de dépendance, il aura tendance à rester dépendant par la suite. D'ailleurs, dans la plupart des cas, la cigarette est une habitude qui remonte à l'adolescence. Aux États-Unis, 88 % des fumeurs ont commencé à fumer avant 18 ans, bien qu'il soit illégal de vendre des cigarettes aux mineurs. De plus, les recherches montrent que près de 60 % des ados affirment qu'ils ne sortiraient pas avec un gars ou une fille qui fume[3]. La morale: si tu veux faire un tabac, lâche le tabac!

À l'adolescence, ton corps se transforme en véritable usine de fabrication de tissus humains et il a besoin de beaucoup de matériel pour accomplir le tout. C'est pour cette raison que tu tends à manger beaucoup plus qu'avant. Si tu lui donnes TOUT ce dont il a besoin, ni plus ni moins, tu te sentiras plus solide, en pleine forme et rempli d'énergie. C'est automatique. Surtout, ne pars pas sans essence le matin; le petit déjeuner est essentiel pour faire rouler ton moteur adéquatement jusqu'au lunch.

Si ça se faisait, on l'aurait!

Imagine pouvoir te rendre dans un magasin à rayons qui ne vendrait que des parties de corps humain. On y retrouverait plusieurs formes et grosseurs de seins, de pénis, de tête, de pieds, etc. Tu pourrais acheter les jambes que tu veux, les yeux, les bras, le ventre, tout, tout, tout, selon tes propres désirs. Ce serait super, non?

---

3. Source: Bhattacharya, S., «Teen Brain Changes Increase Cigarettes Addiction», Londres, *New Scientist*, septembre 2003.

Quoi faire pendant
une journée pédagogique

En fait, non. Tu serais alors un robot qu'on a assemblé, tu te retrouverais sans identité propre, ton corps serait comme un déguisement qu'il te faudrait porter toute ta vie. En plus, tu rencontrerais vraisemblablement d'autres personnes avec exactement le même kit que toi, en tout ou en partie! Les mêmes yeux que toi, les mêmes doigts, la même bouche. Tu te rends compte?

Contrairement aux articles disponibles dans les grandes surfaces, ton corps n'a aucun doublon sur la terre! Tu es tout à fait unique, des pieds à la tête! Par contre, ton corps n'est ni échangeable ni remboursable. Aucune garantie n'y est rattachée non plus. Pendant toute ta vie, tu n'auras qu'un seul corps et c'est celui actuellement en développement. Prends-en soin et sois-en fier. Au lieu de te comparer aux autres, efforce-toi de reconnaître tes atouts et de les mettre en valeur. Apprécie et cultive ta différence!

Rites de passage

Dans plusieurs pays africains, mais aussi dans d'autres régions du monde, il existe encore des rites pour passer de l'enfance au monde adulte, sans passer par l'adolescence! Imagine: un jour, tu es un enfant, le lendemain, tu es devenu un adulte, avec toutes les responsabilités que ça implique!

Dans certaines cultures, le rite de passage des hommes implique la circoncision, sans aucune anesthésie, sous les yeux des autres habitants du village. Chez les filles, l'excision est encore pratiquée: on enlève le clitoris, et parfois même les petites et les grandes lèvres, et ce, sans anesthésie ni stérilisation des instruments utilisés. Bien que ces pratiques soient très critiquées, surtout parce qu'elles entraînent souvent des complications médicales (voire la mort!), elles existent encore dans plusieurs cultures. Ainsi, chez ces peuples, l'adolescence n'existe pas. Alors, l'accès accéléré au monde adulte t'intéresse? Je te conseille de lire d'abord ce qui suit.

● ● ● ● ● ●

Aoutch! Pauvre Mandela!

Nelson Mandela étant Xhosa (un peuple sud-africain), il a dû traverser un de ces rites de passage.

Il raconte que dans son village, la veille de la circoncision des jeunes garçons, les habitants se rassemblent pour danser et chanter au rythme des tambours. À l'aurore, lorsque les étoiles sont encore visibles, les préparatifs commencent. Les garçons sont escortés à la rivière pour se laver dans ses eaux froides et se purifier symboliquement. Par la suite, ils sont invités à s'asseoir nus sur une couverture, les jambes écartées, pendant que les autres habitants et les dirigeants de la tribu observent la cérémonie. Un sorcier expert dans le domaine, nommé *ingcibi*, sort alors d'une hutte sacrée et se dirige d'un jeune à l'autre. Il s'agenouille devant chacun des jeunes présents, empoigne son pénis et d'un coup de *assegai* (un couteau), il coupe le prépuce (la peau et la muqueuse).

Le jeune ne doit ni pleurer ni manifester sa douleur. Sinon, la honte risque de le poursuivre tout au long de sa vie adulte. Au contraire, il doit crier: «Ndiyindoda!», ce qui signifie: «Je suis un homme!» Immédiatement après, un assistant vient attacher les morceaux de peau coupés à la couverture sur laquelle le jeune est assis et sa plaie est recouverte d'une plante médicinale destinée à absorber le sang et les autres sécrétions. Les jeunes retournent ensuite dans la hutte réservée à ce rituel où du bois mouillé est allumé, et dont les vapeurs sont associées à des vertus de guérison. Les jeunes doivent se coucher sur le dos avec une jambe allongée et l'autre repliée pendant que le *amakhankatha* leur explique les règles du monde adulte en peignant sur leur corps nu et rasé avec une sorte de craie blanche représentant la pureté.

La nuit suivante, les jeunes doivent aller enterrer les restes de leur prépuce pour éviter que les démons s'emparent de leur esprit. Il s'agit aussi de mettre en terre les dernières «parties» de leur enfance. Pendant les quelques jours de guérison, les jeunes demeurent dans la hutte et évitent d'être vus par les femmes. Chacun reçoit un nouveau nom (Dalibhunga, dans le cas de Mandela, qui signifie «fondateur des Bungha») et sera désormais accepté aux réunions de la communauté.

Lors de leur émergence à l'extérieur, les jeunes sont à nouveau dirigés vers la rivière pour se laver et sont couverts par la suite de craie rouge. La tradition veut que le jeune ait une relation sexuelle immédiatement avec une femme qui deviendra sa conjointe et qui essuiera la craie rouge avec son propre corps pendant les ébats amoureux. Dans le cas de Mandela, cependant, il s'est plutôt lavé avec une mixture de gras et de lard. Les huttes où les jeunes se trouvaient ainsi que leur contenu sont entièrement brûlés de manière à faire disparaître symboliquement toute trace de leur enfance. L'initié reçoit ensuite une sorte de dot pour commencer sa nouvelle vie adulte et les amis, famille et chefs locaux les rejoignent pour transmettre des enseignements sur la poursuite de la tradition, des chants et des cadeaux.

Mandela affirme s'être senti plus grand, plus fort et surtout plus riche après ce rituel puisqu'il a reçu deux vaches et quatre moutons.

Alors... un petit voyage en Afrique du Sud pour régler l'adolescence, ça te dirait?

* * * * * *

Qui est Mandela?

Nelson Mandela figure parmi les hommes les plus vénérés et admirés du monde. Il a été incarcéré pendant 27 ans en Afrique du Sud. Son principal crime: être Noir et vouloir vivre libre avec les siens dans un pays où les Blancs avaient le pouvoir. Il fut libéré en 1990 et reçut en 1993 le prix Nobel de la Paix pour avoir réussi à faire abolir l'apartheid et à éliminer la discrimination raciale en Afrique du Sud. Il fut le premier président élu démocratiquement en Afrique du Sud et demeura au pouvoir de 1994 à 1999.

Conclusion

Te développer, te découvrir et t'adapter à un nouveau corps représentent des tâches énormes dont tu ne réalises probablement pas l'envergure. Ces changements peuvent être comparés à ceux qu'un adulte vit lorsqu'il se fait enlever un plâtre après une période prolongée. Soudainement, son cerveau ne reconnaît plus la partie qui vient d'être dégagée! Même si cette personne a vécu 30, 40 ou même 50 ans ou plus avec ce membre auparavant, elle devra faire de la physiothérapie pour réapprendre à l'utiliser!

De ton côté, c'est tout ton corps qui est nouveau : des jambes plus longues, des bras télescopiques. Tu te demandes si c'est le comptoir de la cuisine qui a baissé ou toi qui as grandi ! Tout est vu sous un angle différent. S'il t'arrive parfois de te sentir maladroit, de ne pas savoir quoi faire avec tes mains ou d'avoir l'impression que tu fais sans cesse des gaffes, tu es normal ! Si tu te sens parfois fatigué, si tu as mal aux articulations, si tu ressens des pointes d'agressivité ou d'anxiété, encore une fois, bienvenue au club des ados !

Je connais un MEC qui peut t'aider avec ça. Je te le présente au prochain chapitre !

Pauvre MEC !

Les hormones en circulation dans ton sang n'affectent pas que ton corps. La testostérone agit sur tout le MEC ! Le MEC, c'est ton Mental, tes Émotions et tes Comportements. Pauvre MEC ! Pas toujours facile à vivre ! Si tu veux mieux le connaître, le comprendre et t'en faire un ami, ce chapitre et le suivant sont pour toi.

Rebonjour ! Permets-moi de me présenter !

Le M

Le Mental, c'est ta petite voix intérieure, celle qui juge les personnes que tu rencontres, les actions que tu poses et les événements que tu vis. Première information importante à retenir: ton mental représente la touche Power sur ton ordi. C'est là que tout démarre. De là naissent tes émotions, et ensuite tes comportements. Par exemple, imagine qu'un gars que tu aimerais bien découvrir «de plus près» passe l'heure du lunch avec une fille que tu détestes. Il est fort possible que ton mental interprète la situation comme ceci: «Tu vois bien qu'elle lui plaît plus que toi!» Cette pensée engendre des émotions particulières et tu seras évidemment portée à réagir en fonction des émotions que tu ressens. Ton mental a donc un énorme pouvoir sur ta vie puisque c'est de lui que découle tout le reste. Il peut rendre ta vie magique, mais aussi complètement misérable.

Ton mental n'échappe pas au Big Bang lui non plus. Voyons ce qu'il traverse dans cette période.

Le cerveau grandit aussi

De la même façon que ton corps grandit et se transforme, ton cerveau réalise également une évolution majeure à l'adolescence. Tes capacités d'évaluation, de réflexion et de conceptualisation sont de loin supérieures à celles de l'enfant. Tu remets en question des valeurs qu'avant tu avalais comme du bonbon (ce qui ne fait pas toujours l'affaire de tes parents!). Tu développes tes propres idées dans une foule de domaines, tu acquiers une compréhension plus mature sur différents sujets et tu émets même des jugements par rapport à des personnages politiques! Tout cela est en bonne partie lié à la maturation de ton cerveau.

Il n'y a pas si longtemps, la plupart des scientifiques pensaient que le cerveau était un produit quasiment fini lorsque le jeune atteignait l'âge de 12 ans. Le docteur Jay Giedd, chef du département d'imagerie cérébrale du Service de psychiatrie de l'Institut national de santé mentale à Bethesda (Maryland) et auteur de plus d'une centaine de recherches scientifiques dans le domaine, concède qu'en effet, à cet âge, le cerveau a pratiquement atteint sa taille adulte. Par contre, d'autres dimensions continuent à se développer et affectent à la fois ton jugement, et partant, tes émotions et tes comportements.

Récentes données en neuroscience : les ados manquent de préfrontal !

Il est maintenant démontré que le développement du cerveau s'effectue par phases successives, en progressant de l'arrière vers l'avant. Rapport ?

L'avant du cerveau – qu'on appelle le préfrontal –, c'est le «stop» dans la vie, les freins! C'est ce qui nous permet de «réfléchir» avant de «réagir». Et c'est la région développée en dernier.

Commences-tu à comprendre pourquoi il t'arrive parfois de manquer de retenue dans tes paroles, tes gestes et tes décisions? Le préfrontal permet de dominer les impulsions instinctives de ton cerveau. Sans sa contribution, une personne peut être dangereusement créative et avoir tendance à prendre des risques exagérés et à sous-évaluer le danger.

Les accès de colère, le goût immodéré du risque, le plaisir éprouvé à dépasser les bornes et l'attirance pour le sexe, les drogues et le danger sont la marque de commerce des ados. Ces réactions s'expliquent, bien sûr, par une saturation d'hormones, mais aussi par une déficience des contrôles mentaux indispensables à un comportement plus mature, et ce, principalement parce que le préfrontal n'est pas entièrement formé. Ton mental peut donc devenir extrêmement excitant à l'adolescence; il peut t'apporter une foule de sensations fortes... mais aussi une foule de problèmes!

Recherche de sensations fortes

À cause de ton mental et de ses lacunes préfrontales, tu te retrouves malheureusement dans la catégorie des personnes «à risques». Les statistiques ci-dessous t'en convaincront. Cela t'aidera peut-être aussi à comprendre pourquoi il arrive parfois à tes parents de «capoter»!

En dehors du fait qu'ils possèdent un lobe frontal complet – ceci leur permettant de voir les choses sous un angle complètement différent –, ils s'inquiètent aussi des statistiques suivantes.

- Les adolescents sont plus souvent victimes de crime. Ils sont deux fois plus susceptibles d'être victimes de crimes violents que les adultes. Pour ton information, la plupart de ces crimes sont commis entre 15 h et 18 h, soit lorsque les parents sont en général absents[4].

- C'est à l'adolescence que la dépendance au tabac et à la drogue a tendance à s'installer. Or, une fois qu'une habitude est établie, il est très difficile de s'en défaire.

- Chaque année, les accidents de la route représentent 40 % des décès chez les adolescents. Nous avons souvent tendance à oublier ces statistiques, mais les compagnies d'assurances, elles, s'en souviennent. Elles exigent leurs tarifs les plus élevés pour leurs clients les plus risqués – les ados de sexe masculin – et

---

4. Source: Benson, P. L., Galbraith, J., Espeland, P., *What Teens Need to Succeed*, Minneapolis, Free Spirit Publishing, 1998, p. 92.

leurs tarifs augmentent encore davantage si le garçon en question n'est pas particulièrement un bon élève, consomme de la drogue, fume ou boit.

- Des 32 869 cas de chlamydia déclarés chez les femmes au Canada en 2000, 40 % visaient des filles de 15 à 19 ans. Dans ce groupe d'âge, les taux de chlamydias déclarées chez les filles ont augmenté, passant de 1 063 cas par tranche de 100 000 en 1998 à 1 236 cas par tranche de 100 000 en 2000. Des 2 368 cas de gonorrhées déclarées pendant la même période, 41 % concernaient des filles de 15 à 19 ans.

- Une enquête nationale aux États-Unis a révélé que 17,3 % des élèves de 1re secondaire, 12,4 % des élèves de 3e secondaire et 11,9 % des élèves de 5e secondaire avaient absorbé des inhalants (colles, peintures et autres produits toxiques qu'on retrouve sous le comptoir de l'évier de la cuisine) au moins une fois dans leur vie. Or, il est démontré que l'inhalation de ces substances sur une base régulière peut entre autres entraîner des dommages sévères aux organes vitaux tels que le cerveau, le cœur, les reins et le foie. Les vapeurs de ces produits peuvent affecter la chimie de l'organisme et endommager de manière permanente le cerveau et la colonne vertébrale.

- Le taux d'avortement chez les 14 à 24 ans est presque deux fois plus élevé que celui des 25 à 45 ans.

- Bien que les estimations varient, plusieurs experts croient qu'avant l'âge de 18 ans, au moins une fille sur trois aura été victime de viol, d'inceste ou de violence physique.

Le préfrontal : le maître à bord

Le préfrontal est aussi le siège de ce qu'on appelle les fonctions exécutives : prévoir, se fixer des priorités, soupeser les conséquences de ses actes[5]. Ton mental n'a donc pas encore complètement développé ces compétences. Il est davantage régi par le principe du plaisir et de la facilité. C'est ce qui explique que plusieurs ados vivent des difficultés à atteindre les objectifs fixés par l'école et les parents. Mais il y a de l'espoir!

Asafa Powell rencontre Terry Fox

Admettons qu'Asafa Powell décide de faire une course avec Terry Fox. Asafa Powell est l'homme le plus rapide du monde. Il a couru le 100 mètres en 9,77 secondes à Athènes en 2005. Atteint de cancer, Terry Fox a pour sa part entrepris le Marathon de l'espoir le 12 avril 1980, à Terre-Neuve. Malgré l'amputation de sa jambe droite, il a choisi de parcourir le Canada à pied jusqu'à ce que son élan soit coupé par un autre cancer, celui du poumon. Malgré tout, il a atteint son objectif, qui était d'accumuler un dollar par Canadien. Le Marathon de l'espoir a amassé 24,17 millions de dollars pour soutenir la recherche sur le cancer. Terry Fox est décédé le 28 juin 1981, un mois avant son 23e anniversaire. Ainsi, sur 200 mètres, qui risque d'emporter la victoire, à ton avis?

Où je veux en venir? Imagine qu'Asafa Powell symbolise ton mental et Terry Fox, ton préfrontal.

Terry est super, fantastique, mais il arrive nécessairement le deuxième. En fait, ton mental est la première réaction, la plus rapide, impulsive, instinctive, brute. Comme elle est programmée pour assurer ta survie, elle a tendance à voir des menaces partout. Si on lui laisse trop d'emprise, nos émotions sont propulsées au plafond (ou au plancher!). Dès

---

5. Source : «Adolescents : les secrets de leur cerveau», *Courrier international*, n° 717, juillet-août 2004, p. 31.

lors, il peut arriver qu'on pose des comportements qui nous attirent des problèmes : on crie, on réagit de manière excessive, on coupe des ponts. Quand le préfrontal finit par tracer son chemin, il est trop tard, on a perdu nos amis, on a laissé aller une belle occasion, on a brisé quelque chose ou on se retrouve à la porte de la classe... et on regrette. Ça te dit quelque chose ?

Mais attention ! Ce n'est pas parce que ton préfrontal n'est pas entièrement formé qu'il faut attendre pour l'exercer ! Au contraire. Si tu ne l'utilises pas dès maintenant, il risque justement de rester atrophié toute ta vie.

Il te faut apprendre à devenir ami avec Terry et comprendre que c'est vraiment lui qui peut t'aider. Méfie-toi d'Asafa et de ton mental. Ils souffrent du déficit de l'information !

L'eau sait lire

Le docteur Masaru Emoto, un scientifique japonais, mène des expériences fascinantes sur l'eau depuis plus de 10 ans. Tout a commencé le jour où il a lu cette phrase : « Il n'existe pas deux cristaux de neige pareils. » Il a alors eu l'idée de geler l'eau pour ensuite en photographier les cristaux. À l'aide d'un microscope à forte résolution, il a obtenu la première photo d'un cristal d'eau. Il a alors fait de nombreux essais pour réaliser que l'eau réagissait physiquement aux vibrations de la musique, aux mots dits et écrits, aux images, à la prière, aux téléphones cellulaires, aux micro-ondes... enfin tout ! Il a ensuite pris des bouteilles d'eau en verre sur lesquelles il a placé différents mots – Merci, Imbéciles, Bonheur, etc. –, pour ensuite photographier les cristaux d'eau contenus dans ces bouteilles. Il a aussi attaché une bouteille d'eau à un cellulaire pour ensuite photographier les cristaux. Le résultat était terrifiant ! Chaque stimulation fournie à l'eau produisait des images différentes[6]. Sachant que notre

---

6. Source : Emoto, M., *Le pouvoir guérisseur de l'eau*, Paris, Guy Trédaniel Éditeur, 2005, 139 p.

corps est constitué d'au moins 70 % d'eau, nous avons maintenant la preuve que notre mental a une action très importante sur tout notre être. Chaque mot qu'on prononce ou qu'on se répète entraîne une réaction spécifique dans notre corps et engendre santé, maladie, bien-être ou dépression. Voilà une autre excellente raison de bien contrôler notre mental et de faire attention aux mots qu'on choisit!

Pour visionner les photos prises par le docteur Emoto, inscris «Masaru Emoto» sur Google. Tu verras, c'est fascinant!

Le déficit de l'information

Alors que 5 % des jeunes souffrent du déficit de l'attention, presque 100 % des ados souffrent du déficit de l'information! Qu'est-ce donc que ce nouveau diagnostic?

Il s'agit tout simplement du fait qu'il arrive souvent aux ados de prendre des décisions ou de poser des jugements sans avoir toute l'information en main. Un exemple? Tu arrives à l'école et ta meilleure amie semble t'éviter. Sans être totalement sûr, tu as l'impression qu'elle réagit ainsi parce que tu as passé l'heure du lunch avec une autre amie la veille. Malgré le peu d'information que tu possèdes, tu décides du comportement à adopter: l'ignorer à ton tour plutôt que d'aller vérifier auprès d'elle ce qui ne va pas. Qu'arrive-t-il si ta copine t'évite parce qu'en fait, il lui est arrivé une histoire horrible la veille et elle a peur que tu la juges?

Je pense à une jeune fille de 15 ans qui s'est un jour confiée à moi. Elle était sortie au cinéma un soir avec un copain de 18 ans et ses deux colocataires plus âgés que lui. Les gars avaient apporté de l'alcool et, tout au long du film, ils ont picolé généreusement. Chaque fois qu'ils en offraient à Mélissa, elle entendait son mental lui dire: «*Come on, fais pas ta niaiseuse, juste une gorgée. Y a rien là!*» À trois reprises, son mental a gagné! Lorsque le film s'est terminé, les esprits s'étaient échauffés quelque peu et les trois gars lui ont proposé de se rendre avec eux à l'appartement pour manger une bouchée, question de masquer son haleine et de la «dégriser» avant de rentrer chez elle. Comme elle en avait bien besoin, elle a accepté leur invitation. Malheureusement, les gars avaient une tout autre idée en tête. Lorsqu'elle est entrée dans l'appartement, les trois l'ont violée, chacun leur tour, pendant que les deux autres la tenaient.

À partir de cet épisode, Mélissa a rompu toute amitié, non seulement avec ces trois salauds, mais aussi avec toutes ses amies, pensant qu'elles la jugeraient naïve de s'être rendue dans un appartement, seule, avec trois gars qui avaient bu. Mélissa est devenue suicidaire, ne sachant pas si elle était enceinte, craignant d'avoir contracté une infection transmise sexuellement et voyant son rêve d'une première relation empreinte de tendresse brisée. Elle ne trouvait personne à qui se confier.

Ce genre d'histoire n'arrive pas fréquemment, heureusement; mais si c'était l'histoire de la copine que tu as choisi d'éviter ce matin-là à l'école, en pensant qu'elle était jalouse, t'en voudrais-tu? T'est-il déjà arrivé de juger les autres trop rapidement? Ou même de TE juger trop rapidement? Comme tu vois, le déficit de l'information peut représenter une menace importante à tes relations et à ton bien-être.

L'adolescence, un véritable casse-tête!

L'importance du déficit de l'information est telle à l'adolescence que je t'offre une autre métaphore pour rendre ce problème encore plus concret.

Imagine un casse-tête comportant 1 000 pièces. Pourrais-tu deviner ce que l'ensemble représente si je ne te donne qu'une seule pièce? Plutôt difficile, n'est-ce pas? Est-ce que 10 ou 20 morceaux seraient suffisants? Sans doute pas encore.

Un petit test pour toi

Lisiane rentre de l'école. Elle raconte à sa mère qu'une des filles de sa classe, Stéphanie, portait ce jour-là des pantalons trop courts et démodés. «Elle avait tellement l'air folle! J'te l'dis, m'man, ses pantalons lui arrivaient à la cheville. Tout le monde riait d'elle!»

Il existe certainement plusieurs raisons pour expliquer la tenue vestimentaire de Stéphanie. Essaie de voir lesquelles des affirmations suivantes pourraient être valides:

- ■ Stéphanie aime faire rire d'elle.
- ■ Stéphanie voulait se faire remarquer ce jour-là.
- ■ Stéphanie ne sait pas bien choisir des vêtements qui lui conviennent et qui sont à la mode.
- ■ Stéphanie n'avait pas autre chose à se mettre sur le dos.
- ■ Stéphanie vient d'une famille pauvre et elle doit porter les vêtements de sa sœur aînée parce que ses parents n'ont pas les moyens de lui en acheter d'autres.
- ■ Stéphanie s'est sentie mal toute la journée. Ça a été une des pires journées de sa vie.
- ■ Stéphanie en veut à tous ceux et celles qui l'ont humiliée toute la journée et elle ne veut plus retourner à l'école.

Si Lisiane avait pris le temps de faire ce petit exercice pour accumuler de nouveaux morceaux à son casse-tête, penses-tu qu'elle aurait réagi de la même façon ? Même sans connaître la vérité, le fait d'élaborer différentes hypothèses (idéalement au moins cinq) pour expliquer une situation permettra à Terry de faire surface et à ton mental de se taire. Cette petite habitude t'évitera beaucoup de regrets et, surtout, t'empêchera de perdre des amis ou de blesser des personnes innocentes. Il y a en général toujours une bonne raison pour expliquer un comportement... et aimer se faire rejeter ou ridiculiser est rarement l'une des options !

Il existe une solution au déficit de l'information : assure-toi d'avoir tous les morceaux avant de prendre des décisions. Surtout par rapport à toi-même. Trop souvent, après un échec, on arrête d'essayer, on laisse tomber en se disant : «De toute façon, j'suis pas bon là-dedans. » Même après UN SEUL morceau ! Pense à ce que tu aimes le plus faire : jouer à des jeux vidéo ? Écrire ? Lire ? Jouer au soccer ? Apprendre un instrument de musique ? Imagine si tu avais arrêté après ta première erreur ! Comment cela aurait-il affecté tout le reste de ta vie ?

En passant, écoutes-tu toujours Caillou tous les matins ? Collectionnes-tu encore les *Pokemon* ? Pourtant, il n'y a pas si longtemps, ces personnages étaient tes préférés, pas vrai ? Qui a changé, eux ou toi ? Tu connais la réponse ! Au fil des années, tu as recueilli de nouveaux morceaux de casse-tête sur toi-même et sur la vie et, en conséquence, tes intérêts ont beaucoup changé. Penses-tu que tu possèdes maintenant tous les morceaux sur toi-même, sur la vie et sur les autres ? La réponse est assurément NON. Cependant, l'adolescence est l'une des périodes de récolte de morceaux les plus riches. Il est normal que tes opinions changent et évoluent rapidement à ton âge. Le contraire serait inquiétant! Mais les émotions étant très intenses (principalement à cause de la testostérone) et le désir d'agir impulsivement très présent (parce que tu manques encore de préfrontal), méfie-toi des décisions prématurées que tu pourrais prendre. Garde un œil (et même les deux!) sur ton mental et tes décisions impulsives!

Préfrontal et marketing

Savais-tu que plusieurs stratégies de marketing sont créées précisément pour exploiter le manque de préfrontal et les réponses impulsives? Par exemple, tu remarqueras que plusieurs magasins et épiceries possèdent près de la caisse ce qu'ils appellent dans leur langage des articles pour «achats impulsifs», c'est-à-dire à bas prix, généralement tentants, surtout destinés aux enfants. Les spécialistes veulent tirer profit du fait que leurs clients doivent attendre leur tour à la caisse et que leurs enfants, qui souffrent d'un manque de préfrontal encore plus important que celui des ados, voudront que leurs parents leur achètent ces articles attirants. Ces achats impulsifs représentent une partie importante du chiffre d'affaires de ces commerces.

Même les adultes peuvent être pris à ce piège. Les bons vendeurs, qu'ils vendent des maisons, des encyclopédies ou des aspirateurs, feront tout pour conclure une vente lors de la première rencontre. Ils veulent justement éviter que la personne réfléchisse, que Terry arrive et qu'il donne son opinion. C'est pour ça qu'ils offrent des primes en vigueur «seulement aujourd'hui». Ils arrivent ainsi à convaincre bon nombre de clients incertains. Plusieurs d'entre eux, quelque temps après avoir signé le document, se rendent compte qu'ils n'ont malheureusement pas réalisé le *deal* du siècle décrit par le vendeur! Le fait d'apprendre à calmer ses impulsions peut avoir des conséquences non seulement sur l'image de soi-même et sur nos relations interpersonnelles, mais aussi sur notre vie financière à long terme.

Peux-tu penser à deux ou trois situations où ton déficit de l'information t'a joué des tours dans les magasins et où tu as regretté ton achat? Ton mental avait tous les bons arguments, n'est-ce pas? Alors, rappelle-toi que ce n'est pas parce que l'émotion est présente que tu feras nécessairement un bon choix. Ça peut être une bonne idée d'attendre quelques jours, ou parfois même quelques semaines, avant de faire un achat ou de rompre avec quelqu'un. Tu risques ainsi d'être plus satisfait de ta décision.

Truc maison pour reconnaître Asafa et Terry

Serais-tu fier d'avoir un tatouage de Caillou sur l'avant-bras pour le reste de tes jours? J'imagine que non. Pourtant, cette option t'aurait vraiment intéressé si elle s'était présentée il y a à peine quelques années. Attention aux décisions que tu prends, surtout si elles risquent d'affecter le reste de ta vie. Ce n'est pas parce que tu as vraiment, vraiment, vraiment le goût que c'est un bon signe. Au contraire. Plus il y a urgence, plus c'est Asafa qui est à l'œuvre! Terry n'est en général jamais pressé de prendre une décision. Il n'y a pas d'urgence avec lui. L'urgence et l'impulsivité peuvent te servir d'indicateurs sur l'origine de tes pulsions! Si tu attends avant de prendre des décisions ou de faire des gestes, il y a de bonnes chances que tu recueilles de nouveaux morceaux qui te feront changer d'idée. Certains choix peuvent être modifiés. D'autres sont là pour rester. Des exemples ? Les tatouages, un dossier criminel, une grossesse, les drogues dures (elles affectent ton cerveau et certaines conséquences sont irréversibles), la vitesse excessive (qui peut entraîner des conséquences irrémédiables, pour toi ou pour les autres), etc. À l'avenir, assure-toi donc d'avoir l'opinion de Terry avant de prendre des décisions qui auront des répercussions à long terme !

Ce n'est pas pour rien qu'on est conçu comme ça !

Taux élevé de testostérone, manque de préfrontal, déficit de l'information (et non de l'attention)... Ça fait beaucoup ! La nature ne se trompe pas, malgré tout ce qu'on peut en croire. Il y a plusieurs raisons valables pour expliquer que l'humain a été conçu de cette façon. Tous ces facteurs favorisent la quête d'indépendance, le sens de l'exploration, l'envie de quitter le nid familial et de faire ses propres choix, en plus d'initier la volonté d'essayer de nouvelles choses. Sans ces conditions, il serait encore plus difficile pour l'ado d'oser prendre sa place, d'aller chercher de nouveaux morceaux de casse-tête et de vivre les expériences indispensables à son autonomie future.

Quand on y pense bien, lorsqu'un adulte vit un changement (divorce, handicap, perte d'emplois, etc.), il est presque normal qu'il devienne dépressif. Personne ne s'en surprendra : «Il a traversé tellement de difficultés dernièrement !» Le changement est ce qui coûte le plus cher au système nerveux, le savais-tu ? Or, à l'adolescence, des changements, en voulez-vous, en voilà! Changements dans le corps, dans le MEC, dans la vie sexuelle, dans les relations sociales ! Bref, ça brasse ! Aucun adulte ne pourrait survivre à autant de changements. La nature te donne donc un coup de main : elle te procure une poussée d'énergie (la testostérone) et elle t'enlève une partie de jugement (le préfrontal n'est pas entièrement formé). En échange, elle t'offre des prothèses frontales externes temporaires (ou PFET) pour prévenir le déficit de l'information. Tu connais ?

Cerveau d'ado = miroir déformant !

Une neuropsychologue a réalisé une série d'expériences spectaculaires à l'aide d'une nouvelle technologie neuroscientifique, l'imagerie par résonance magnétique fonctionnelle (IRMf), qui permet de photographier le cerveau pendant qu'il travaille. Des enfants et des adultes devaient nommer les émotions exprimées par des visages photographiés. Alors que les adultes faisaient peu d'erreurs en étudiant les portraits, les jeunes de moins de 14 ans avaient tendance à se trom-

per régulièrement. Ils interprétaient des expressions de peur comme étant de la colère, de la confusion ou de la tristesse. Avec le temps, cependant, leur schéma d'activité cérébrale – et leur jugement – se transformait. Au lieu d'utiliser les noyaux amygdaliens pour effectuer ce genre de tâche, ils référaient de plus en plus à leur lobe frontal (également le site de la prévision et du jugement), comme les adultes. Ce processus de développement physiologique pourrait, selon elle, expliquer pourquoi les adolescents se trompent si souvent en interprétant les signaux émotionnels, voyant de la colère et de l'hostilité là où il n'y en a pas[7].

Une autre bonne raison de te méfier de ton mental!

Des prothèses frontales externes temporaires

Eh oui, la nature a aussi prévu t'offrir de l'aide temporaire pour t'aider à pallier les effets souvent explosifs de ton manque de frontal. Tu as la chance (bien que je ne sois pas certaine que tu le vois sous cet angle – à cause de ton manque de préfrontal justement!) d'avoir le service de prothèses frontales externes temporaires. On appelle ça un parent! Ou un prof! Ou même une tante, un voisin, un grand-parent, un thérapeute. Bref, un adulte avec le lobe frontal complet!

Il est déjà prouvé que les ados qui communiquent ouvertement avec leurs parents sont moins susceptibles d'être victimes de crimes. Statistique Canada révèle aussi que ces jeunes réussissent mieux à l'école et vivent des relations plus satisfaisantes avec leurs amis.

---

7. Source: Belmonte, M., Yurgelun-Todd, D., «Permutation Testing Made Practical for Functional Magnetic Resonance Image Analysis», *IEEE Trans. Med. Imaging*, 20(3), 2001, p. 243-248.

Des prothèses frontales externes permanentes

Entre nous, même une fois adultes, plusieurs ont encore besoin de prothèses frontales externes, et ce, de façon permanente ! À ce stade, on appelle ça des boss, des gouvernements, des policiers, des banquiers ! Par exemple, plusieurs adultes se laissent encore aller à leurs impulsions et dépensent beaucoup plus que ce qu'ils peuvent se permettre. La banque est là pour les avertir de faire leurs paiements, sinon elle les menace de saisir leurs biens. D'autres sont des Asafa… sur la route. Ils conduisent trop vite ou de manière imprudente. Cette fois, la prothèse permanente s'appelle la police !

En fait, beaucoup d'adultes ne réussissent jamais à contrôler leurs impulsions primaires. Va faire une visite dans les pénitenciers, tu en seras convaincu ! Pourquoi ? Les prisonniers n'ont pas encore compris que Terry constitue leur meilleur allié. Ils ont l'impression que se taire et choisir de s'en aller quand quelqu'un les écœure est d'être un peureux, un trouillard. Ils continuent de croire que c'est leur impulsivité et leur colère qui peuvent les amener à se démarquer. C'est malheureusement l'inverse et tant qu'une personne n'a pas saisi cela, elle ne peut te servir de PFET (prothèse frontale externe temporaire) parce qu'elle n'a pas de frontal elle-même ! Avant de suivre les recommandations d'un adulte, assure-toi donc d'abord que sa vie est pleinement saine et satisfaisante et qu'elle n'a pas de problème avec les PFEP (prothèse frontale externe permanente ; son boss, la police, le gouvernement ou autre !).

À quel âge le préfrontal atteint-il sa maturité ?

Il te faudra attendre encore quelques années. Selon les neuroscientifiques, cette partie cruciale de ton cerveau atteindrait sa pleine maturité vers l'âge de 24 ans[8]. Certains chercheurs avancent même le chiffre de 30 ans.

---

8.   Source: Kluger, J., « Medicating Young Minds », *Health*, 2006, p. 38 à 46.

Si, par contre, une personne a toujours préféré faire alliance avec Asafa, le lien se renforcera et Terry risque de ne jamais réussir à faire valoir son point de vue.

Comment développer le préfrontal?

La façon de développer le préfrontal est la même que celle pour développer tout muscle de ton corps: il faut l'exercer! Les prochaines sections de ce livre te fourniront une foule d'exercices à pratiquer pour développer ton préfrontal plus rapidement. Comme je l'ai déjà mentionné, il ne faut pas seulement du temps pour que le préfrontal arrive à maturité. Il faut aussi de l'exercice. Plus tôt tu commenceras, plus rapidement tu te sentiras pleinement mature. Les autres seront aussi davantage portés à te faire confiance et à t'apprécier.

Pour le moment, voici deux petits trucs.

D'abord, le fait d'attendre, parfois seulement quelques minutes, avant de réagir, au lieu de céder à une émotion forte, pourra te sauver de plusieurs situations embarrassantes.

Une autre manière d'exercer ton préfrontal est de te poser souvent les questions suivantes: «Quelle est ma part de responsabilité dans ce problème?» et «Qu'est-ce que je pourrais faire pour améliorer la situation?». Mais attention, tu devras réellement tenter d'y répondre. Tu verras, c'est difficile! Très difficile, même.

Par exemple, imagine que tes parents te refusent un privilège. Au lieu de les blâmer et de leur en vouloir, demande-toi plutôt ceci: «Quelle est ma part de responsabilité dans le fait qu'ils me refusent cette demande? Qu'est-ce que je pourrais faire pour améliorer ma situation?» Si tu obtiens une réponse du genre: «Ouais, je n'ai pas été très correct avec eux. En plus, je n'ai pas respecté leurs consignes la dernière fois qu'ils m'ont accordé ce privilège. Je vais inviter un ami à la maison pour cette fois-ci et je suis sûr que je vais avoir beaucoup de plaisir quand même.» Vois-tu que de cette manière la suite risque d'être beaucoup plus positive que sans cet effort de questionnement?

La clé, c'est la diversité et la créativité!

Comment te sentirais-tu si tu écoutais 100 fois le même film? Tu t'ennuierais sans doute. Tu as besoin de diversité, MEC. Si tu répètes chaque jour la même chose, tu n'évolues pas, tu piétines et ton mental a toutes les raisons de te faire croire que c'est plate et même que T'ES plate! Lance-toi dans l'exploration de choses inhabituelles, découvre une nouvelle science, rencontre de nouvelles personnes. Bref, sors de ta bulle et aventure-toi dans des territoires inexplorés! La vie est tout sauf plate! Il existe des milliards d'insectes, de plantes, d'animaux, d'étoiles et d'humains différents. Tu peux découvrir le cosmos, la germination, la géologie, l'informatique, Kirlian ou Satguru Bodhinatha Veylanswami! Ce qu'il te faut, c'est de la créativité, MEC! Fouille le dictionnaire, le Net... Trouve-toi une nouvelle passion! La prochaine fois que tu t'entends dire «C'est plate», passe à l'action!

Tu as obtenu un mauvais résultat dans une matière et tu trouves le professeur trop exigeant? Voilà une autre occasion de te poser les questions magiques: «Quelle est ma part de responsabilité dans ce résultat? Que pourrais-je faire pour améliorer la situation?» Encore une fois, il y a de fortes chances que tu découvres que ce résultat est en bonne partie mérité. Tu initieras alors de nouvelles façons d'éviter que cette situation se représente.

- -

L'influence de ton langage et des chiffres

Tout comme le docteur Emoto, Paul Pearsall, psychologue, croit au pouvoir des mots. Il affirme que lorsqu'une personne prononce des jurons ou des mots vulgaires, même en blague ou dans une pièce de théâtre, son système immunitaire s'affaiblit[9]. Si tu veux te bidonner avec tes amis et renforcer ton immunité, remplace chaque juron ou vulgarité par des chiffres: «Espèce de 3!», «T'es vraiment 9!», «Ah! Toi et ton 6 de frère!».

- -

Quand tu commences à te poser ces questions, non seulement tu exerces ton préfrontal, mais tu augmentes aussi ton pouvoir sur ta vie. En d'autres mots, lorsque tu crois que les autres sont la source de ton problème, tu es piégé parce que tu n'as aucun contrôle sur eux. Tu ne peux donc que ruminer! Par contre, quand tu t'accordes le rôle principal, tu deviens ton propre réalisateur, metteur en scène et scénariste. Tu reprends les commandes de ta vie, du moins dans une plus grande mesure. Il est évident que tu continueras de subir certains interdits et d'être limité par les règles de ton environnement. Cependant, les options

---

9. Source: Pearsall, P., *The Pleasure Prescription,* Californie, Hunter House Publishing, 1996.

que tu développes en te posant ces questions t'accordent nécessairement plus de liberté et de satisfaction.

Par ailleurs, personne n'aime être tenu responsable des problèmes des autres. Quand on sent que quelqu'un prend la responsabilité de ses actes et de ses pensées, on se sent bien avec lui et on est porté à lui faire confiance. Voilà donc d'autres bénéfices non négligeables!

Une autre astuce de ton mental

Pourrais-tu lire ce qui se trouve dans le triangle ci-dessous?

**Janvier
est le
le premier
mois l'année**

Es-tu certain d'avoir bien lu? Regarde à nouveau et assure-toi de bien lire tous les mots. As-tu remarqué qu'il y avait deux erreurs? Le mot «le» est répété deux fois et la dernière ligne dit bien «mois l'année» et non pas «mois de l'année».

La majorité des gens ont tendance à faire une ou deux erreurs en lisant ce petit triangle, et ce, même s'il ne contient que sept mots. Pourquoi? Parce que notre mental tend à prendre la même direction que nos préjugés. Dans ce cas, tu penses qu'il s'agit d'une phrase complète. Tu élimines donc un «le» et tu ajoutes un «de». Qu'arrive-t-il à ton avis quand tu as un préjugé défavorable à l'égard d'un prof, d'un ami ou d'un parent? Je peux t'assurer que ton cerveau aura tendance à trouver tous les arguments pour te prouver que tu as raison, quitte à inventer ou à éliminer des informations.

Méfie-toi de ton mental... Plusieurs de ses stratégies automatiques ne sont pas toujours utiles pour toi. Peux-tu imaginer les conséquences de ce type d'erreur quand tu penses, par exemple, que tu es «poche» à l'école, que tu «détestes» apprendre un instrument de musique, que tes parents sont vraiment les pires &#%& du monde! On appelle ce comportement «autoréalisation des prophéties», c'est-à-dire que tu finis par créer ce que tu te répètes constamment.

Ton état d'être et ton niveau d'énergie peuvent aussi augmenter significativement ce type d'erreur mentale. Par exemple, plus tu es fatigué ou stressé, plus ton cerveau va amplifier, exagérer tes perceptions. Alors, ne fais pas confiance à ces distorsions quand tu n'es pas dans ton assiette!

Le vaccin de l'adolescence

Voici une expérience réalisée aux États-Unis qui risque de t'intéresser. Elle démontre qu'à partir du moment où tu es conscient de ton état, tu peux mieux le contrôler.

Des patients devaient recevoir un vaccin qui contenait de l'adrénaline, une substance qui tend à créer une forme de rigidité, de nervosité chez ceux qui le reçoivent. La moitié du groupe avait été informée de ces effets alors que l'autre n'avait pas obtenu l'information. Après qu'ils avaient reçu l'injection, on demandait aux patients d'attendre 40 minutes dans la salle d'attente. Ceux qui avaient été informés qu'ils ressentiraient une tension nerveuse réussissaient à rester calmes et à maîtriser leur sentiment d'irritabilité. Les non-informés des effets secondaires, au contraire, étaient très hostiles, impatients et agressifs à l'égard de la moindre petite remarque banale d'une autre personne se trouvant dans la salle[10].

L'adolescent, qui cohabite avec des niveaux élevés de testostérone, vit ce même type d'effet secondaire: tension, nervosité, impulsivité. Le fait de le savoir pourra peut-être t'aider à rester plus calme, plus *politically correct* avec les autres en reconnaissant que tes hormones ont tendance à déformer ta réalité. Cette connaissance est le meilleur vaccin que je peux t'offrir pour ce genre de problème!

Ton mental, le grand coupable!

Je rencontre beaucoup d'ados qui ont de la difficulté avec l'intensité des émotions qu'ils vivent: déprime excessive, colère incontrôlable, peur démesurée. Ils se font reprocher aussi plusieurs de leurs comportements, parfois à tort, parfois à raison. C'est possible de changer tout ça, mais il faut commencer par le début: ton mental.

La bonne nouvelle est que tes pensées ne dépendent que de TOI. Tu es la seule personne à pouvoir décider de ce qui se passe dans ta tête. Avec de la pratique, tu peux arriver à reprendre le pouvoir sur ton mental et ainsi rendre ton quotidien beaucoup plus simple et agréable.

Conclusion

Alors MEC, qu'est-ce que tu penses des informations découvertes? Chose certaine, ce que tu en penses détermine comment tu te sens et

---

10. Source: Rosenman, R. H., «Health consequences of anger and implications for treatment» dans Chesney, M. A., Rosenman, R. H. (Éd). *Anger and Hostility in Cardiovascular and Behavioral Disorders,* New York, Hemisphere, McGraw-Hill, 1985.

si oui ou non tu voudras te rendre au prochain chapitre ! J'espère donc que ton mental sera positif et que Terry sera avec toi, parce que j'ai d'autres infos super intéressantes à te transmettre dans le prochain chapitre ! À + !

Le MEC + ultra
ou l'influence
de tes émotions

Faisons une petite révision du dernier chapitre. Tout comme l'amour est dans le cœur, le cœur est dans l'oiseau, l'oiseau est dans l'œuf, l'œuf est dans le nid, le nid est dans le trou, le trou est dans le nœud, le nœud est dans la branche, la branche est dans l'arbre et l'arbre est dans ses feuilles, tes comportements proviennent de tes émotions et tes émotions proviennent de tes pensées ! Maliron-maliré !

Sauf que...

Sauf qu'à l'adolescence, tu traverses une sorte de microclimat ! As-tu déjà essayé de faire pousser des ananas au Québec ? Pas la peine de perdre ton temps ! Notre climat n'est pas compatible avec ce genre de culture. De même, à l'adolescence, ton climat présente souvent des vents forts, des orages allant de calmes à violents ; parfois des tremblements de terre, voire des raz-de-marée ! Ce qui pousse facilement, ce sont des pensées extrêmes suivies d'émotions fortes !

Pourquoi la météo est-elle si souvent mauvaise à l'adolescence ?

Ça dépend du *dimmer* de tes émotions ! Tu ne me suis pas ? Pense au bouton qui règle l'intensité du son sur ta chaîne stéréo ou ta télévision. Tu sais, le « gradateur d'intensité » ? C'est ce que j'appelle un *dimmer*. Imagine qu'il serait au maximum la plupart du temps, ça va te donner une représentation assez fidèle de l'équipement de l'adolescent. Non seulement ton mental a tendance à déformer tes pensées, mais les émotions qui en résultent sont vécues avec une intensité maximale. Pourquoi ? Pour t'assurer de faire le plus d'apprentissages possible. En effet, notre mémoire tend à retenir plus facilement ce qui est associé à une émotion forte. L'adolescence étant une période d'apprentissages à tous points de vue, le fait de ressentir les choses avec un maximum d'intensité permet à ton cerveau d'enregistrer plus d'informations, plus facilement. Un autre cadeau de la nature !

Les hormones (qui influencent tes pensées) jouent donc aussi un rôle d'amplificateur émotif : les choses les plus banales peuvent soudainement être vues et vécues en IMAX ! Voici un exemple. Le directeur t'oblige à faire des travaux sur ton heure de dîner parce qu'il juge que tu as fait preuve d'un manquement important aux règles de l'école. Le *dimmer* passe au max et tu te retrouves à ressentir un maximum d'émotions ; ton mental juge le directeur comme le pire &%#, tu élabores des plans machiavéliques (pas sages du tout !), tu songes peut-être même à quitter l'école et toute ta journée est occupée à lui en vouloir. Ça te sonne une cloche ? Autre exemple : un gars dans l'autobus te fait une remarque désagréable pendant le trajet du retour. Du coup, le *dimmer* passe à nouveau au max, ton mental le garde dans son collimateur, c'est l'escalade du mental à son sujet (« Quel con ! Il est vraiment le pire des stupides », etc.). Tes émotions et tes comportements suivent évidemment le rythme et tu rentres chez toi à bout de nerfs. Typique ! Pas vrai ?

Le programme de base de ton cerveau est de mettre le *dimmer* au «boutte» à l'adolescence. Mais comme tu es maintenant au courant que tu possèdes cet équipement de départ, tu peux choisir d'être passif par rapport à cette stratégie automatique ou, au contraire, d'exercer ton contrôle. Voyant que ton *dimmer* a tendance à faire des siennes, tu peux d'abord le reconnaître («Ah! Mon *dimmer* fait des siennes!») et choisir de ne pas lui laisser le plein pouvoir sur toi. Ce sera difficile, évidemment, mais, avec la pratique, tu deviendras rapidement un champion... et, surtout, tu te sentiras fier de toi chaque fois que tu auras gagné, soit chaque fois que tu auras réussi à faire évoluer ton équipement de départ pour le transformer en version plus sophistiquée!

Pratiques-tu le bouddhisme ou le bouttisme?

Quelle est la différence entre ces deux religions? C'est très simple. Le bouddhisme, c'est qu'avant de réagir, tu respires, tu réfléchis, tu te calmes et tu donnes une réponse comme celle qu'aurait donnée Bouddha! Le bouttisme, c'est le contraire. Tu ne prends pas le temps de respirer ni de réfléchir, tu n'attends pas de te calmer et tu donnes une réponse «au boutte» ! Alors, es-tu bouddhiste ou bouttiste?

Attends avant de répondre! Je dois te dire qu'il existe deux formes de bouttisme: le bouttisme verbal et le bouttisme comportemental.

Le **bouttisme verbal** est l'emploi de superlatifs pour décrire des situations normales. Par exemple, une jeune fille me dit: «Mon père est TOUJOURS sur mon dos, il ne comprend JAMAIS RIEN. Il se fout COMPLÈTEMENT de moi!» Comment expliquer alors qu'il l'ait accompagnée jusqu'au centre commercial pour lui permettre d'aller retrouver ses amis et qu'il ait interrompu le visionnement de son match préféré pour retourner la chercher en fin de journée?

Les disciples du bouttisme verbal ont beaucoup de difficulté avec leurs émotions; ils mettent eux-mêmes le *dimmer* au maximum... et ça, c'est en plus de toutes les situations où la nature s'en charge elle-même. Résultat? Ces personnes traversent constamment des zones de turbulence, possèdent peu de contrôle sur leurs émotions et leurs comportements et rencontrent souvent des problèmes avec les figures d'autorité (parents, profs, directeurs, etc., c'est-à-dire les prothèses frontales externes temporaires!).

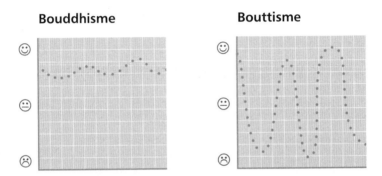

Bouddhisme **Bouttisme**

Dans les prochains jours, porte attention aux personnes de ton entourage qui souffrent de bouttisme verbal; tu verras combien leur vie est plus difficile.

Le **bouttisme comportemental** se caractérise par des réactions excessives et inappropriées dans une foule de situations. Par exemple, pousser agressivement une personne dans le corridor parce qu'inconsciemment elle obstrue le passage. Lancer un objet dans l'autobus pour répondre à une blague plate. Déchirer sa copie parce qu'insatisfait du résultat. Claquer la porte de sa chambre après une discussion avec tes parents. Se coucher à des heures impossibles. Clavarder pendant des heures sans pouvoir t'arrêter. Manger ou boire excessivement. Commences-tu à reconnaître des personnes qui appartiennent à cette catégorie?

Bouttiste	Bouddhiste
prompt	réfléchi
excessif	modéré
agit avant de réfléchir	réfléchit avant d'agir
accuse les autres	se responsabilise

Traductions bouddhistes

Exemples de bouttisme verbal	Traduction bouddhiste
J'ai tellement faim, je suis en train de me digérer l'estomac!	J'ai hâte au repas.
Ma mère capote toujours pour rien.	Ma mère s'inquiète souvent pour moi.
Je n'arriverai jamais à m'en sortir.	Je dois travailler plus fort en maths si je veux atteindre mes objectifs.
Il fait tout pour m'écœurer.	J'ai l'impression que mon père ne me comprend pas bien.
C'est un maudit malade!	Ce gars semble manifestement avoir des problèmes de bouttisme!

Bouttisme musical

L'abonnement «de saison» aux montagnes russes

L'adolescence inclut un abonnement gratuit aux montagnes russes. Te retrouves-tu parfois à te sentir horriblement seul, avec l'impression que personne ne te comprend, avec des responsabilités qui dépassent tes capacités, avec la sensation que c'est trop lourd, trop gros, trop, trop, trop? Ou, au contraire, te retrouves-tu parfois dans des virages raides, des pentes vertigineuses et des hauteurs qui donnent la trouille?

C'est en bonne partie pour ça que j'ai décidé d'écrire ce livre. Je veux que tu saches que ces changements émotifs abrupts et fréquents sont normaux. Tout ça ne durera pas toute ta vie. Bien que tu aies un accès illimité aux montagnes russes dans ton forfait, tu n'es pas toujours obligé de monter dans le train ! Pour ça, tu dois être très vigilant ; à la moindre occasion, tu te retrouveras dans les boucles et tourbillons du monstre ! Parfois, ça peut être agréable d'ainsi vivre des sensations fortes. À d'autres moments, par contre, ça donne plutôt mal au cœur ! Sachant que tu as cette option de monter – ou non – dans le train, tu peux te permettre de mieux profiter de ton billet de saison ! Laisser passer le train signifie entre autres de ne pas croire tout ce que ton mental radote et de pratiquer le bouddhisme au lieu du bouttisme !

La saveur du mois

Où habites-tu ? Plusieurs pourraient répondre à Sainte-Dépression, à Colère-sur-Mer ou à Rivière-à-la-Peur. Certains ont même des adresses dans ces trois villes ! De vrais nomades émotionnels !

La colère, la déprime et la peur sont les trois saveurs en vedette à l'adolescence. Il y en a plusieurs autres, bien sûr, mais celles-ci sont parmi les plus populaires ! Or, ce sont aussi les plus difficiles à vivre. Même les adultes n'arrivent pas toujours à les dominer ; tu dois en savoir quelque chose, j'en suis sûre ! Voyons quelques trucs pour venir à bout de ces passages difficiles.

La colère, mauvaise conseillère !

Une des émotions les plus fréquentes de toute la gamme des émotions humaines est assurément la colère. Je serais portée à lui accorder la première place (et non le premier prix !) chez les adolescents.

Quand mon fils était enfant et que je me mettais en colère contre lui, il m'arrivait parfois de lui dire : «Là, je suis trop en colère pour te parler maintenant, alors fais-moi penser de te disputer pour ça demain !» La première fois, il est resté figé. Par la suite, il a compris que même si j'étais très en colère, je préférais ne pas intervenir parce que sous le coup de l'émotion, on dit ou on fait rarement des choses très intelligentes. Chaque fois que j'ai réussi à maîtriser ma colère, je me suis sentie fière et satisfaite de moi. Chaque fois qu'elle a gagné, j'ai eu des regrets.

Dangereuse colère !

Il est démontré que 20 % des crises cardiaques surviennent pendant des accès de colère.

Une personne qui fait régulièrement des crises de colère a 40 % moins de chance de passer la cinquantaine qu'une autre qui sait gérer efficacement cette émotion.

*« Si tu es en colère, compte jusqu'à 10 avant de parler.
Si tu es très en colère, compte jusqu'à 100. »*
Thomas Jefferson

Si tu te donnes la peine d'évaluer les conséquences associées au fait d'exprimer ta colère quand elle est à son maximum d'intensité, tu constateras que c'est rarement une bonne idée ; en général, ça ne fait que l'amplifier. Ta rage finit par contaminer l'autre personne et, éventuellement, la situation s'envenime. La colère gérée de cette façon conduit au mépris, le mépris conduit au dégoût et, lorsque le dégoût s'est installé, les études démontrent que la relation a tendance à se terminer peu de temps après[11]. Il est important de régler nos malentendus, mais seulement quand on est en pleine possession de nos moyens.

Le Pepsi brassé

J'ai déjà eu à aider un jeune de 14 ans avec sa colère. Il se retrouvait constamment au bureau du directeur parce qu'il «pognait les nerfs» en classe. Il avait aussi de la difficulté à garder ses amis parce qu'il pétait les plombs à tout moment.

J'ai donc fait l'expérience suivante avec lui. J'ai pris une bouteille de Pepsi et je l'ai agitée le plus possible. Puis, quand la pression à l'intérieur a atteint un maximum, je l'ai retournée dans sa direction en le menaçant d'ouvrir le bouchon. Il s'est alors empressé de me dire: «Qu'est-ce que vous faites?» J'ai alors rétorqué: «Quoi, tu ne veux pas que je l'ouvre? C'est pourtant ce que tu viens de faire en classe! C'est aussi ce que tu fais constamment avec tes amis, tes parents, ta famille. Tu te brasses le Pepsi et après, tu éclabousses les autres!» Comme il ne semblait pas tout saisir, je lui ai donné plus de détails. «Le Pepsi, c'est ton mental. Tu te racontes des histoires, tu t'inventes toutes sortes d'idées, ta pression monte (comme dans le Pepsi) et après tu te défoules sur les autres et sur les objets qui t'entourent. Il n'est pas étonnant que tu perdes tes amis et que tu aies mauvaise réputation auprès des profs. Tu ne contrôles pas ton Pepsi! Idéalement, il faudrait que tu arrêtes de te "crinquer" mais si, par malchance, tu te retrouves avec le Pepsi brassé au max, au moins, n'ouvre pas le bouchon! Ça va t'éviter bien des problèmes!»

---

11. Source: Pearsall, P., *The Pleasure Prescription*, Californie, Hunter House Publishing, 1996, p. 141.

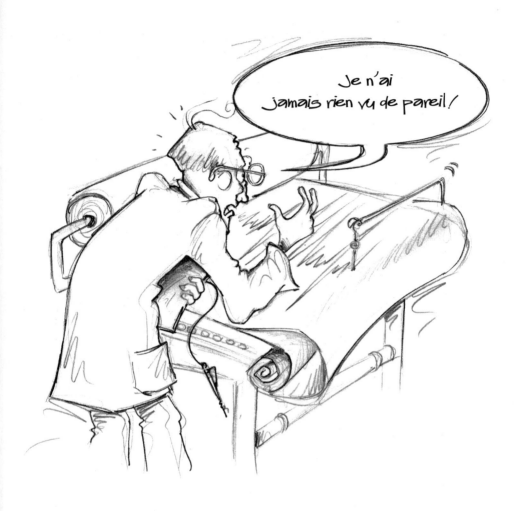

« Il y a toujours plusieurs raisons de se
mettre en colère, mais rarement une bonne ! »

Benjamin Franklin

Et toi, est-ce que tu as aussi tendance à te brasser le Pepsi et à éclabousser les autres ? Si oui, tu remarqueras que la relation reste difficile et tendue par la suite, c'est-à-dire que tant que tu n'as pas ramassé tes dégâts (en t'excusant ou en discutant de la situation avec la personne en cause), ça reste collant! Éclabousser les autres ou les objets qui t'entourent est la meilleure recette pour te faire des ennemis, perdre ta réputation, traverser des montagnes russes et devenir de plus en plus agressif.

Traitement antihormones!

Maintenant que tu connais l'influence des hormones sur ta façon de penser, de te sentir et de te comporter, peut-être as-tu besoin d'idées pour t'aider à maîtriser ces messagers de Postes Canada (j'en ai parlé à la page 20) quand ils deviennent trop envahissants.

Voici quelques suggestions:

- Fais quelque chose de gentil pour quelqu'un (même pour un parfait étranger). Ton miroir relationnel te retournera alors une image positive de toi-même.

- Pour enlever du pouvoir à ton mental, écris tout ce qui te préoccupe sur une feuille. Par la suite, place cette feuille dans un endroit sûr, jusqu'à ce que tu décides d'y accorder à nouveau ton attention. Cela te permettra de t'allouer un peu de repos et de refaire le plein. Le problème te semblera probablement déjà moins lourd lorsque tu ressortiras la feuille.

- Règle tes difficultés par petites étapes. Par exemple, commence simplement par t'excuser ou par sortir ton matériel scolaire pour te mettre au travail. Aussi petit soit le pas que tu feras dans la bonne direction, le problème te paraîtra déjà moins gros puisqu'une petite partie de celui-ci sera déjà résolue.

- Demande l'opinion et les conseils d'une PFET (prothèse frontale externe temporaire) envers qui tu as confiance. Tu verras, c'est parfois étonnant de constater qu'une personne de l'extérieur peut t'offrir des informations auxquelles tu n'avais jamais pensé.

- Ne laisse pas ton mental te taper sur la tête; tout le monde a le droit à l'erreur... surtout à l'adolescence!

Ceux qui se brassent souvent le Pepsi finissent à l'occasion par se sentir vides ou «à plat». Toutes les bulles de leur belle énergie disparaissent! La colère est l'une des émotions qui coûte le plus cher. Je ne connais aucun traitement pour t'éviter de vivre de la colère; par contre, tu as un rôle important pour la contrôler au lieu qu'ELLE te contrôle. Encore ici, c'est ton mental le grand responsable... et c'est là que tu dois commencer à intervenir.

Rappelle-toi que toute ta vie tu vas rencontrer des gens qui agissent stupidement. Tu n'as aucun contrôle sur ces personnes. Le seul pouvoir que tu as, c'est celui sur toi-même. Si tu contrôles ton Pepsi, tu seras vraiment fier de toi!

La peur, amie et ennemie

La peur est une émotion très utile; elle nous évite de nous lancer dans des aventures qui pourraient mettre notre sécurité en péril. Par contre, à l'adolescence, ce signal fait parfois défaut. C'est bien connu: les jeunes ont un appétit de frissons, ils se sentent invulnérables dans certaines situations et ils sont portés à réagir avant de réfléchir. Il arrive donc que certains ados refusent les conseils bénéfiques que leur offre la peur.

Malgré cela, elle se manifeste quand même à l'occasion à l'adolescence. Je te présente ses quatre visages.

La peur qui annonce un danger réel

Si tu marches sur un fil de fer suspendu à 30 mètres, il est fort probable que tu ressentes de la peur, surtout s'il n'y a aucun filet pour te recueillir en cas de chute. Ton corps te signale ainsi qu'il y a un danger. Du coup, tu deviens hyper vigilant et tous tes sens sont en éveil pour te permettre de faire face au danger. On appelle ce système «la réponse de fuite ou d'attaque».

Exercice adlérien

Dans une prochaine vie, quel animal aimerais-tu être et pourquoi? Un singe, un éléphant, un oiseau? Je te reviens là-dessus un peu plus tard dans le livre. Penses-y vraiment et écris ta réponse ici ou sur un papier pour t'en souvenir plus tard.

En soi, la peur est très utile; elle assure ta survie et te prépare à faire face aux obstacles. Dans certains cas, la meilleure réponse est la fuite. (Si tu te retrouves face à face avec un serpent, c'est probablement la stratégie que je te recommanderais!) Dans d'autres circonstances, l'attaque doit être privilégiée, c'est-à-dire que la meilleure réaction est d'affronter la situation. Pense par exemple aux phobies. Si tu as terriblement peur de traverser les ponts, le fait de passer à l'attaque en vivant cette expérience à répétition aura pour effet de faire taire ton mental en lui prouvant qu'il a tort de croire que les ponts sont non sécuritaires. Cependant, il est très important d'y aller graduellement dans certaines situations et les conseils d'un thérapeute sont toujours utiles pour se défaire de phobies obsédantes.

La peur qui t'indique qu'il te manque quelque chose
Ce genre de peur survient par exemple lorsque tu te présentes à un examen sans avoir étudié. Pas de doute que tu te sentes stressé, tendu, apeuré ; tu n'as pas ce qu'il faut pour traverser l'épreuve ! C'est la même chose si tu as peur de parler aux autres : si tu ne sais pas comment entamer la conversation, où placer tes mains, comment répondre, la peur sera au rendez-vous ! La solution ici est très simple : va chercher les outils qu'il te manque. Étudie avant d'arriver à l'examen, apprends à rentrer en relation (j'espère pouvoir t'apprendre de nouveaux trucs dans la deuxième partie de ce livre !), fais ce qu'il faut pour acquérir les habiletés nécessaires. L'évitement et la fuite sont rarement des solutions gagnantes dans ces cas. Ils augmentent la peur et agissent comme un marteau-piqueur sur ton estime de toi-même.

La peur imaginaire
Il arrive régulièrement que ton mental t'envoie des pourriels (du *junk mail* !). Malheureusement, tu as tendance à tous les ouvrir ! L'un dit : «Tu n'y arriveras jamais !» Un autre : «Tu vas faire un fou de toi encore !» Ou encore : «C'est quoi cette rougeur sur ton bras ? Et si c'était un cancer ?» Il y a aussi des messages du type : «Et si tu avais un accident en rentrant à la maison aujourd'hui ?»

Le fait que ton mental te transmette ce genre de message ne signifie pas que tu doives tous les prendre au sérieux ! Envoie-les directement à la poubelle ; pas la peine d'y accorder ta pleine attention. Tu connais la règle : plus tu ouvres ces pourriels, plus tu en recevras !

CD à succès

En panne d'idées pour choisir les meilleurs CD à écouter? Ton mental est toujours prêt à te proposer ses plus grands succès! Ce ne sont malheureusement pas toujours les plus intéressants puisqu'un mental non discipliné ne fait que régurgiter des informations superficielles ou basées sur la survie de l'espèce! Change de poste, choisis délibérément ce que tu souhaites entendre dans ta tête. Ne te sens pas obligé d'écouter le programme de base. Ne sélectionne que ce qu'il y a de mieux!

La peur des «esprits»

Il y a aussi une autre forme de peur que très peu d'ados révèlent, bien que la plupart la ressentent. C'est une peur de ce qu'on ne voit pas: la peur des esprits, des fantômes. L'ado a l'impression que la poupée dans sa chambre, le personnage qui apparaît dans le cadre sur le mur ou la statue que sa mère a placée dans le salon l'observe. La noirceur devient une menace. L'ado déteste se retrouver seul parce qu'il sent qu'il devra faire face à ces esprits, à ces forces de l'invisible. Il est donc porté à allumer toutes les lumières dans la maison, à ouvrir la télé même s'il ne l'écoute pas, à parler au téléphone ou à clavarder pour se distraire. Bref, il fait tout pour éviter d'affronter ces peurs.

Plusieurs jeunes qui ont confié leur malaise à des thérapeutes ont reçu toutes sortes de diagnostics: trouble obsessif-compulsif, schizophrénie, dépression majeure, troubles anxieux, etc. D'après moi, il s'agit la plupart du temps d'une étape normale du développement.

La cause de ce phénomène est différente de celles qui initient les trois autres formes de peur mentionnées ici. Dans ce cas-ci, ce n'est pas qu'il y a un danger réel, ni qu'il te manque des habiletés, ni que tu reçois des pourriels. La peur des esprits peut s'expliquer par ce qu'on appelle en psychologie «le phénomène de déplacement». Le cerveau possède plusieurs mécanismes de défense pour réagir aux différentes difficultés qu'il rencontre. Notamment, lorsqu'une situation est trop difficile à soutenir intérieurement, il la projette dans le monde extérieur. C'est aussi une façon de te forcer à régler le problème puisque tu ne peux plus l'éviter, comme il est constamment présent dans ton monde extérieur.

Peux-tu voir un lien entre ces peurs du monde extérieur et ce que tu vis dans ton intérieur à l'adolescence? Voici quelques idées: intérieurement, tu sens une force qui transforme ton corps et toute ta personnalité. Tu ne la vois pas et tu sens que tu as très peu de contrôle sur ses actions. N'est-ce pas à peu près ce que ces peurs te font ressentir: une force que tu ne vois pas, qui agit sur toi sans possibilité de la contrôler, présente sans que tu l'aies invitée? Tu vois, ces esprits sont une pure projection de ton monde intérieur.

Pourquoi ces peurs se manifestent-elles seulement quand tu es seul? Parce qu'en l'absence de stimulations extérieures, tu ne peux être qu'à l'écoute de ton monde intérieur... et c'est à cet endroit que tes peurs habitent.

Je ne sais pas si cette explication te rassure, mais j'espère que cela pourra t'aider de comprendre que ce ne sont pas de véritables esprits qui circulent dans la pièce. Le personnage dans le cadre sur le mur, l'ourson dans ton garde-robe, la statue dans le salon ne t'observent absolument pas. Ce sont simplement des projections de toutes ces forces hormonales que tu vis intérieurement.

Moi aussi, j'ai vécu ces peurs à l'adolescence. Je n'en parlais à personne. En fait, c'est faux. Un soir, alors qu'elles étaient vraiment envahissantes, j'ai essayé d'en parler à ma mère. Elle m'a plus ou moins ridiculisée en me disant: «Ça n'existe pas, ces affaires-là! Arrête de te faire des peurs avec des riens!» J'ai eu tellement honte que je n'en ai plus jamais reparlé à personne, bien qu'elles m'aient rendu la vie misérable pendant toute mon adolescence. J'avais joué au Ouija avec des amis. Par la suite, nous nous étions rencontrés pour faire du spiritisme. Mon *dimmer* étant au maximum, j'avais vraiment l'impression que des esprits étaient venus, qu'ils avaient éteint les lumières, qu'ils me poursuivaient et qu'ils passeraient à l'attaque dès que je me retrouverais seule. C'était à devenir dingue. Je ne pouvais pas aller dans mon garde-robe ou dans une pièce où il faisait noir sans penser aux esprits. Ces peurs ont disparu une fois que ma croissance physique a été complétée et que mes hormones de croissance ont terminé leur travail. C'est en général le cas pour la majorité des jeunes qui vivent ces terreurs. Si les informations que je t'apporte ne règlent pas le problème, tu sauras à tout le moins que tu n'es pas seul à vivre cette situation. Garde bien le contrôle sur ton mental; il ne connaît pas l'origine de ces peurs et les utilise contre toi. Remets-le à sa place dès que tu en as l'occasion en lui expliquant les faits!

La dépression, la dangereuse

Pourquoi les épisodes dépressifs sont-ils fréquents chez les adolescents?
Pour quatre raisons.

1. La première raison est associée au fait que certains ados ne respec-
    tent pas les besoins de leur corps. Si tu mets du liquide lave-glace
    dans ton moteur et du Pepsi dans ton réservoir à essence, ne t'étonne
    pas si tu obtiens peu de rendement de ton véhicule!

    Il arrive souvent à l'adolescence que la nourriture et le sommeil
    soient négligés. Plusieurs ados ont une obsession injustifiée pour
    leur poids. Pour en prendre ou en perdre, ils adoptent une alimen-
    tation draconienne qui prive le corps de ses besoins essentiels. Ce
    dernier n'a alors d'autre choix que de t'informer de son problème
    en te faisant ressentir une gamme de symptômes dont la dépres-
    sion fait souvent partie.

Somme de sommeil

Au sommaire: le sommet dépend de la somme de sommeil! En
d'autres termes, pour devenir une sommité, fais un somme et tu pourras sommer le tout! QUOI? Lis ce qui suit, tu vas comprendre!

Selon Robert Stickgold, du Massachusetts Institute of Techno-
logy (MIT), il semble évident que la réussite – du moins pour certaines
tâches – dépend avant tout du nombre d'heures qu'on dort la nuit
précédente et beaucoup moins de l'assiduité à l'école ou de la profession des parents. Bien qu'il soit clairement démontré qu'une bonne
nuit de sommeil permet d'augmenter les performances de 20 % à la
suite d'un apprentissage, plusieurs ados retardent souvent l'heure
de leur coucher.

Mary Carskadon, de l'Université Brown, explique pourquoi. Ses études ont montré que le taux de mélatonine (qui crée l'endormissement) augmente plus lentement chez les adolescents que chez les jeunes enfants ou les adultes, quels que soient les niveaux d'exposition à la lumière du jour ou les activités stimulantes. Le programme du cerveau pour commencer la nuit est retardé chez les ados. Voilà une autre stratégie de survie de l'espèce pour t'aider à faire plus d'apprentissages pendant l'adolescence.

Peut-être que cela pourra te fournir un argument supplémentaire à donner à tes parents pour justifier tes heures de coucher... ou de rentrée!

Par ailleurs, le sommeil est la nourriture du cerveau; il contribue significativement aux fonctions cognitives, émotives et de performance (voir la rubrique de la page précédente). Sans un sommeil adéquat, c'est tout ton univers qui est affecté: tes relations, ton rendement scolaire, ton estime personnelle, ta santé, ton niveau d'énergie et, bien sûr, tes émotions.

La dépression peut aussi provenir de l'absorption de substances toxiques pour l'organisme: l'alcool, la malbouffe, les drogues et autres stimulants. Certaines de ces substances peuvent engendrer à court terme une certaine stimulation, mais leur métabolisation coûte très cher à l'organisme. Ne t'étonne pas de devoir subir plusieurs heures, sinon plusieurs jours, leurs effets secondaires, qui s'apparentent à la dépression.

2. La deuxième cause de la dépression à l'adolescence, c'est le *dimmer* dans les deux sens! *What is that?* C'est la tendance à mettre le *dimmer* vers le haut quand vient le temps de considérer tes échecs

et vers le bas pour évaluer tes succès. Voilà une très mauvaise habitude ! Si tu additionnes 5 mais soustrais 50, ton cerveau ne peut arriver qu'à un résultat négatif ! Il est donc évident que si tu accordes peu d'importance à tes succès, mais que tu amplifies tes erreurs, tu arriveras à ce genre de résultat. Le but n'est pas de devenir exagérément optimiste, mais tout simplement de reconnaître justement ce qui t'appartient et d'apprendre à mieux gérer tes revers.

Du bon stock !

L'effet du cannabis sur le cerveau est beaucoup plus fort qu'avant, affirme le docteur Guy Tremblay, chef du service de pédopsychiatrie au Centre hospitalier universitaire de Québec (CHUQ). « La marijuana donne de plus en plus de troubles bizarres. » À la seule urgence psychiatrique de l'Hôpital Maisonneuve-Rosemont, à Montréal, le docteur Stéphane Proulx et deux confrères voient chaque mois plus d'une douzaine de nouvelles psychoses induites par le cannabis et autres drogues (détectés après analyses d'urine). Chez les adolescents dotés d'une personnalité anxieuse, un joint de trop provoque parfois un trouble panique risquant de perdurer jusqu'à 6 ou 12 mois. D'autres se replient, s'isolent socialement et fuient les foules. D'autres encore traversent une crise brève, mais aiguë : « Ces jeunes vont dire qu'ils ont peur de devenir fous, de ne plus jamais être ce qu'ils étaient. » Le docteur Daniel Dumont, de l'urgence psychiatrique de l'Hôpital du Sacré-Cœur de Montréal, dit voir passer entre 20 et 40 cas du genre chaque mois. L'abus de cannabis a conduit 128 Québécois sur un lit d'hôpital en 2002-2003, soit quatre fois plus qu'il y a 20 ans. « La distinction entre drogue dure et drogue douce n'est plus si vraie », concluent ces médecins. N'oublie pas de consulter Terry la prochaine fois qu'on t'offrira du « bon stock » !

• •

3. La troisième cause des sentiments dépressifs à l'adolescence est liée à tes relations avec les autres, souvent caractérisées par des hauts très hauts et des bas très bas à cause de tout ce dont on a déjà discuté (déficit de l'information, testostérone, manque de préfrontal, Asafa, etc.). Il n'y a rien de pire que de vivre des conflits. Les spécialistes affirment que 80 % des épuisements psychologiques ne sont pas autant liés à des surcharges de travail qu'à des conflits avec ceux qui nous entourent. Les désaccords et les guerres interpersonnelles peuvent épuiser une personne et, surtout, s'emparer de son attention pour la maintenir seulement sur cette partie problématique. Il s'ensuit évidemment un fort sentiment de déprime et d'apathie. Petit conseil : règle les malentendus avant qu'ils contaminent tout le reste. Il est plus facile de vaincre une souris que de s'attaquer à un éléphant !

4. Finalement, la dépression peut être liée à l'exposition massive aux écrans. Comment peut-on lier le fait de regarder la télévision ou de jouer à l'ordinateur au sentiment de dépression ? Les recherches sont sans équivoque sur le sujet. Pour le comprendre, il faut cependant connaître un peu le fonctionnement du cerveau. Je t'invite à lire la rubrique de la page suivante avant de poursuivre.

Conséquences des écrans sur le rythme cérébral
Si tu joues souvent à des jeux vidéo qui exigent d'être très rapide, sans t'en rendre compte, tu commenceras à délaisser les situations de ta vie basées sur un rythme plus lent ; ton cerveau exigera constamment de l'action pour demeurer intéressé. Il se peut que ça devienne plus

difficile pour toi de suivre dans les cours qui ne bombardent pas suffisamment de matériel ou que tu perdes plaisir à faire des activités plus calmes avec tes parents ou amis non contaminés par ce genre de conditionnement.

Aperçu du fonctionnement du cerveau

Chaque région de ton cerveau possède des compétences différentes. L'occipital est la région située à l'arrière de ton cerveau et elle est responsable du traitement de l'information visuelle. Ce n'est pas une région qui discrimine l'information. Elle n'a pas de filtre. Une fois l'information enregistrée (et tu sais maintenant que plus cette information est associée à une émotion forte, plus elle s'imprime profondément dans ta mémoire), elle fait partie de ton répertoire. Plus tu la répètes souvent, plus elle sera la première à être récupérée pour faire face aux différentes difficultés que tu rencontres. Ce n'est pas nécessairement logique, mais c'est automatique, et c'est la base du fonctionnement de ton cerveau. La preuve? Quelle langue parles-tu? Celle que tu as le plus souvent entendue depuis ta naissance, évidemment. C'est automatique. Même si tu te retrouves en Allemagne, tu seras porté à parler le français. Ce n'est pas logique, les Allemands ne comprennent pas (ou pas tous) ta langue. Mais comme c'est ce qui fait partie de ton réservoir, c'est ce que tu peux utiliser, et c'est ce que tu vas utiliser. De même, quand tu donnes à ton cerveau des images de violence ou de vitesse, par exemple, c'est tout ton programme interne que tu façonnes – et c'est ce qu'il sera porté à utiliser pour le moindre de ses besoins. L'exposition aux écrans crée automatiquement deux conséquences sur ton mode de fonctionnement cérébral: ton rythme cérébral est affecté et les images que tu enregistres sont réutilisées par ton cerveau dans toutes sortes de situations.

Par ailleurs, comme il n'est pas dans la nature humaine de fonctionner constamment au rythme de ces jeux, ton système nerveux sera porté à rechercher l'antidote de ce rythme pour s'accorder une pause. L'antidote est souvent la télévision, un écran qui t'apporte du plaisir sans qu'il soit nécessaire de faire un effort. Malheureusement, elle sculpte également ton fonctionnement interne; tu apprends à rechercher le plaisir sans efforts (à moins que tu ne choisisses minutieusement des émissions éducatives ou positivement divertissantes). Dans la vraie vie, cette recette est la meilleure pour conduire à l'échec et à la dépression.

Ton système nerveux: plus rapide qu'une Ferrari!

La vitesse de transmission d'une cellule nerveuse est de 225 milles à l'heure (soit 360 km/h). En conséquence, un signal envoyé du cerveau aux orteils parvient à destination en moins de 1/50e de seconde[12].

---

12. Source: Chopra, D., *Quantum Healing: Exploring the Frontiers of Mind/Body Medicine,* New York, Bantam Book, 1990, p. 62.

Les publicistes,
experts du cerveau

Les spécialistes en publicité connaissent très bien le fonctionnement du cerveau et l'exploitent de toutes les façons pour parvenir à leurs fins. Ils savent que ce qui entre par les yeux, à condition de l'associer à une émotion forte ou de le répéter quelques fois, fera dorénavant partie de ton réservoir sans subir de transformation. C'est franchement trop facile!

La publicité visuelle aux États-Unis représente des dizaines de milliards de dollars annuellement... tout ça pour parler aux yeux des clients, et surtout aux ados, cibles très recherchées qui représentent un marché très important pour les publicistes.

Pour éviter de rencontrer ton sens critique, les publicistes passent par tes yeux, et non par tes oreilles. Tes yeux n'ont pas de filtre, de jugement, de PFET (prothèse frontale externe temporaire). L'image s'enregistre automatiquement et commence à influencer ton cerveau. Les statistiques le prouvent!

Comme il n'existe aucun filtre entre tes yeux et ton cerveau, il n'y a que ton jugement pour intercepter les informations que tu ne veux pas avoir dans ton inventaire personnel. À toi, donc, de sélectionner les images que tu choisis de regarder!

Conséquences des images enregistrées

Les images lancées par les écrans pénètrent dans ton cerveau par une voie d'accès sans jugement, sorte de frontière sans douanier. Tout ce qui entre par tes yeux s'inscrit automatiquement dans ta banque de données et sera potentiellement réutilisé selon la fréquence où l'information a été répétée et son intensité émotive.

Ainsi, les jeux vidéo transmettent des images très fortes, souvent associées à la violence. Plusieurs jeunes ne saisissent pas l'influence de ces activités. «Mais m'man, c'est juste un jeu de *paintball,* y a rien là !» Je le souhaiterais, mais ce n'est pas le cas. Ton occipital enregistre que pour gagner, tu dois tirer sur quelque chose qui a une forme humaine. Peu importe ce que tu penses dans la région de ton cerveau responsable de ta pensée logique, ton occipital (autre région beaucoup plus importante et qui ne prend absolument pas en compte ces commentaires) aura quand même enregistré le message.

T'est-il déjà arrivé d'entendre une copine te dire: «Il est super, ton gilet», tout en ayant l'air de se moquer de toi? As-tu cru ce qu'elle te disait ou ce que tu voyais? Tu vois, les deux informations atteignent des régions différentes de ton cerveau, mais l'image est toujours plus forte que les mots. Donc, peu importe ce que tu penses, c'est ce que tu vois qui prend le plus de place à l'intérieur de toi.

Le visuel : utilisé aussi par les sages !

Connais-tu le mandala? Ce mot sanskrit (provenant des écritures anciennes de l'Inde) signifie «roue sacrée» ou «centre sacré». C'est un dessin, généralement circulaire, où certains détails et formes se répètent. Il peut être fait ou colorié par l'individu pour révéler sa personnalité et éveiller les informations contenues dans son inconscient. Le simple fait de l'observer amène notre inconscient à révéler ses secrets sous forme d'images, d'émotions ou de sensations. Depuis plus de 4000 ans, ces cercles sont utilisés par les Hindous, les Celtes, les Bouddhistes — et de plus en plus de personnes chez nous également — pour apprendre à se connaître, mais aussi pour aider à éliminer différents problèmes physiques et psychologiques. La stimulation du visuel peut donc aussi servir des causes honorables!

Si tu vas dans une fête où tout le monde fume, combien de temps faudra-t-il pour que tes vêtements sentent la fumée? Si tu restes sur place, tes vêtements prendront cette odeur... peu importe que tu le veuilles ou non. Que tu y croies ou pas, c'est automatique. Si tu passes des heures à jouer à des jeux qui t'amènent à tirer sur des formes humaines, que tu le veuilles ou pas, tu seras porté à juger la violence comme quelque chose de banal, voire d'amusant. Il y a de grandes chances que tu deviennes plus violent dans tes paroles et dans tes gestes. C'est automatique !

Des données qui font réfléchir

Aujourd'hui, une publicité typique change 150 fois d'image en 30 secondes. En comparaison, si tu regardes un vieux film (par exemple *Casablanca*) pendant trois minutes, tu observeras seulement huit changements d'image[13]. Les spécialistes en publicité ont compris que pour accrocher les ados, il faut suivre le rythme mental que la plupart ont développé.

La plupart des jeunes auront visionné en moyenne 70 000 meurtres à la télévision avant la fin de leur adolescence. Le bruit et la magnitude de ce genre de stimulation créent une dépendance à la réponse d'urgence, où l'individu est en état d'alerte, prêt à passer à la fuite ou à l'attaque[14]. Cela est à l'opposé du bien-être de l'individu.

Paradoxalement, les sages de cette planète sont ceux qui ont réussi à développer un rythme très lent dans leur programme interne. Ils ont atteint ce qu'on appelle «le point bleu[15]». Ce point

13. Pearsall, P., *The Pleasure Prescription,* Californie, Hunter House Publishing, 1996, p. 58.
14. *Ibid.*, p. 64.
15. Chopra, D., *Quantum Healing : Exploring the Frontiers of Mind/Body Medicine,* New York, Bantam Book, 1990, p. 177.

dans le cerveau, maintenant visible grâce à la neuroscience, est associé à la capacité de contrôler son mental au point de ne penser à rien. Ceux qui parviennent à cet exploit possèdent une grande sagesse, ils servent de guides aux autres habitants planétaires et leur vie ressemble au graphique ci-dessous.

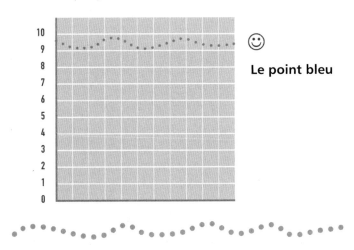

Le point bleu

Plusieurs images véhiculées dans les jeux et à la télévision affectent ton cerveau au point de le rendre dépressif. Comme tu cohabites avec une forte dose de testostérone (en plus de vivre avec un manque de préfrontal), tu es porté à rechercher des images fortes qui t'amèneront à ressentir de vives sensations. Je pense aux films d'horreur, à la pornographie, aux jeux de cascades automobiles, etc. Attention à ce que tu donnes comme nourriture à tes yeux. Efforce-toi plutôt de faire le plein de super !

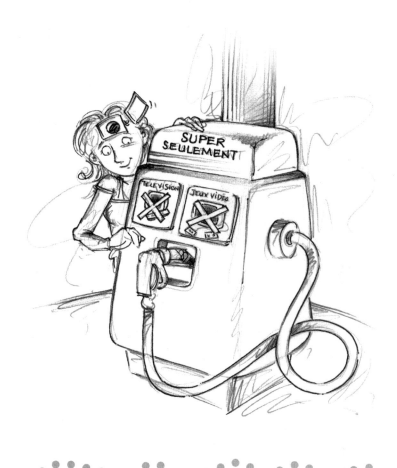

La feuille déchirée

Nick, 13 ans, n'avait pas beaucoup d'amis. Il n'avait pas non plus beaucoup d'intérêts en dehors de la télévision et de son ordinateur. Il affichait un syndrome du *dimmer* aigu dans les deux sens. Voulant l'aider à modifier cette mauvaise habitude, je lui ai tendu une feuille de papier. «Nick, pourrais-tu enlever des petits morceaux de la feuille, un par un, et me les remettre?» Nick s'est exécuté sans poser de questions, tout en continuant à se dénigrer. «Je suis tellement nul.

Un gars est venu me demander de faire un travail avec lui cette semaine, je n'ai même pas été capable de lui répondre et je suis parti comme un peureux. Ce gars-là ne voudra plus jamais me reparler, c'est sûr!»

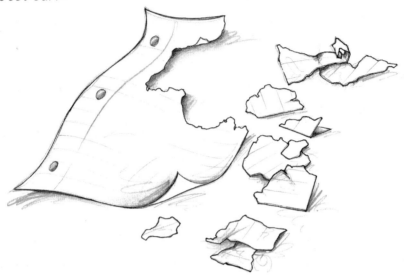

Nick avait maintenant déchiré 10 ou 15 petits morceaux de la feuille. Réalisant l'absurdité de ma consigne, il me demanda alors: «Pourquoi voulez-vous que je fasse ça?» Et moi de répondre: «Simplement parce que c'est ce que tu fais constamment dans ta tête! Je m'explique. Disons que la feuille représente l'ensemble de ton potentiel, tout ce que tu es capable d'être, de faire et d'apprendre. Chaque fois que tu te traites de con, de nul ou de stupide, tu es en train d'enlever des petits morceaux à ton potentiel. Ce n'est pas majeur mais, à force de le répéter, tu vois, tu es en train de détruire complètement ta capacité d'être et d'apprendre. Ça a l'air de rien mais, maintenant, avant même de t'essayer, t'es rendu que tu abandonnes. Tu ne le vois pas, mais ta façon de te traiter a plus d'impact sur tes résultats à l'école que ton potentiel réel.»

Je lui ai tendu une des petites pièces qu'il avait déchirée: «Nick, penses-tu que tu peux faire plus de choses avec cette petite pièce ou avec toute une feuille complète?» «Ben, c't'évident! J'peux faire plus de choses avec toute la feuille.» «Alors, pourquoi es-tu en train de la démolir? Tu vois, chaque semaine tu reviens me voir et moi, j'essaie de recoller les morceaux, mais je me demandais si ce ne serait pas une meilleure idée si tu arrêtais d'en enlever? Chaque fois que tu verras une feuille cette semaine, pense à tout ce que tu peux faire et rappelle-toi qu'il est important d'arrêter d'en enlever des morceaux. Comme toute habitude, ce ne sera pas facile à changer, mais je peux t'assurer que ça vaut la peine d'essayer.»

Et toi, as-tu aussi tendance à enlever des morceaux à ta feuille? Ce n'est pas parce que tu ne vois pas les conséquences de ce comportement immédiatement qu'il n'y en a pas. (Voilà un autre endroit où le fait de dire et le fait de voir quelque chose fait une grosse différence, tu ne trouves pas?) Si tu dis à ton cerveau qu'il est nul, il activera simplement ce programme (en 1/50e de seconde!). Mais il est aussi capable d'activer un programme gagnant. À toi de décider sur lequel des deux tu veux double-cliquer!

Quand il t'arrive de te sentir mal, d'avoir des idées noires ou de ne plus arriver à fonctionner normalement, sache que tout ça est temporaire. «Plus le vent est fort, plus l'arbre sera solide.» En d'autres termes, quelqu'un qui a la vie trop facile sera moins équipé pour faire face à son futur parce qu'il n'aura jamais connu de difficultés ou de vents forts. À la moindre bourrasque, il risque de s'effondrer. Si parfois tu te sens en plein milieu d'une tempête d'émotions, c'est bon signe, tu es en train d'apprendre et de développer de nouveaux outils pour faire face aux défis de ta vie. C'est difficile! Mais je peux t'assurer que tu en ressortiras grandi et beaucoup plus fort.

Surtout, sache que la dépression est le terrain de jeu préféré de ton mental. C'est vraiment l'endroit où tu dois te méfier de lui : il a tendance à t'offrir des solutions permanentes pour des problèmes temporaires, comme le suicide notamment. Si tu sens qu'il a tendance à devenir plus fort que toi, n'hésite pas une seconde : fais-toi aider d'une PFET. Dans ce cas-ci, ça s'appelle un thérapeute. Même si tes amis semblent te comprendre, n'oublie pas qu'ils ont aussi une atrophie du préfrontal et qu'ils n'ont souvent ni formation ni expérience dans le domaine. Quand ta vie est menacée, tu as besoin d'un spécialiste. Il te faut réellement les services d'une PFET formée pour t'offrir des solutions beaucoup plus concrètes et pour t'expliquer comment venir à bout de cet état. Je te le redis : lâche pas !

Conclusion

Alors MEC, comment se passe ta digestion de toutes ces nouvelles informations? J'espère que tu as encore faim parce que ce n'est pas fini! L'adolescence affecte aussi ta vie sociale et ta sexualité! Beaucoup d'informations croustillantes t'attendent sur ces sujets dans les deux prochains chapitres! *Bis bald!* («À bientôt» en allemand!)

Les changements sociaux: amis et tsunamis!

Décidément, les transformations subies à l'adolescence se manifestent dans toutes les sphères de ta vie. La dimension sociale n'y échappe pas. Alors que les parents étaient en vedette dans la vie des jeunes jusqu'à 10 ans, et souvent même après, ce sont maintenant les amis qui occupent le plus de place, du moins pour une bonne partie des ados.

Trois motivations sont à la base des changements sociaux à l'adolescence: la première, la deuxième et la troisième! La combinaison des trois t'amènera à comprendre les périodes de turbulence que tu vis non seulement à la maison, mais partout dans ta vie. Si tu as le goût de les découvrir, ce chapitre t'appartient.

Première raison aux changements sociaux: la survie de l'espèce

Eh oui, encore une fois! Une autre condition indispensable à la survie et à la diversité de l'espèce est que chaque être humain développe les compétences pour se débrouiller seul, assumer l'ensemble de ses besoins et ceux d'une famille éventuelle. Dame Nature sait que la vie est une

boucle et que les parents ne survivent pas aux enfants, du moins en général. En conséquence, le passage à l'âge adulte force l'éloignement
par rapport aux parents. Ainsi, tu seras parfaitement autonome pour
assurer la survie de l'espèce.

À l'adolescence, la majorité des jeunes s'éloignent donc intuitivement de leurs parents, sans nécessairement saisir la raison de cette pulsion. Certains vont même inconsciemment jusqu'à se faire détester, et
ce, principalement pour faciliter la rupture des liens avec leur père et
leur mère. Certains jeunes refusent catégoriquement (et même souvent agressivement) d'être embrassés, cajolés ou interpellés par des so-
briquets affectueux, surtout devant leurs amis, même si parfois ils en
auraient très envie.

T'est-il déjà arrivé d'avoir le désir, ne serait-ce que pendant deux
minutes, de redevenir un enfant et de pouvoir être serré dans les bras
de ta mère ou de ton père sans que cela paraisse étrange? T'arrive-
t-il aussi de réagir avec hostilité lorsque tes parents veulent se rappro-
cher de toi physiquement, t'embrasser? As-tu souvent l'impression qu'ils
te traitent en bébé? Pourtant, à l'âge adulte, il n'y a rien de mal à être
serré dans les bras de ceux qu'on aime, que ce soit par des amis, des
membres de la famille ou un partenaire amoureux... et on n'a pas l'impression d'être traité en bébé pour autant! Cette phase ne dure que le
temps de l'adolescence et elle existe pour une raison bien spécifique.

Cette pulsion instinctive est appelée en psychologie «processus
d'individuation». L'enfant ne peut devenir adulte que s'il s'individualise,
c'est-à-dire qu'il trouve sa propre identité, ses propres valeurs et choisit sa propre façon de vivre. Pour reprendre l'analogie du casse-tête,
nous faisons tous partie du grand casse-tête humain; chacun d'entre
nous représente une pièce différente, unique. Pour que le monde soit
équilibré, il faut que chacun puisse mettre son morceau. Il est donc

essentiel de trouver sa différence... et l'adolescence est une période propice pour la découvrir.

Si tu y penses bien, avant l'adolescence, il est parfois difficile de savoir de quel sexe est l'enfant: il n'y a pas de formes visibles (du moins, quand il est habillé) qui trahit quoi que ce soit. Les filles et les garçons ont la même voix et ils aiment les mêmes jeux. À l'adolescence toutefois, la distinction devient beaucoup plus évidente et la personnalité commence à s'affirmer davantage. C'est parfait! Mais c'est normal que les choses se compliquent avec les parents: ils n'ont vu que très peu de changements pendant les 10 ou 12 premières années de la vie de leur enfant! Ils en sont peut-être venus à croire que celui-ci pourrait rester sous leur aile toute sa vie.

Honte des parents

Connais-tu des jeunes de ton âge qui ont honte de leurs parents? Certains refusent même d'être vus en compagnie de leur père ou de leur mère. C'est un comportement que plusieurs parents – et même quelques ados – ont de la difficulté à comprendre.

Trouve Monsieur Triste

Ça y est, tu l'as trouvé? J'ai bien peur que ce soit aussi ce que tu es porté à faire avec tes parents: trouver ce qu'ils font pour te rendre la vie triste! C'est dommage parce que dans votre relation, il y a aussi beaucoup de Monsieur Sourire que tu ne vois pas, même s'ils sont plus nombreux! Que dirais-tu de regarder de ce côté dans les prochains jours et d'essayer de voir comment tes parents travaillent pour te rendre la vie plus douce? Jette un coup d'œil aux tâches du parent, ça va t'inspirer! Et si tu trouves des Monsieur Sourire, n'hésite pas à le leur dire: ce sera sûrement très apprécié!

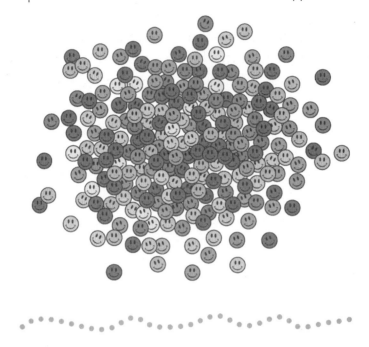

Tu penses peut-être que tu as honte de tes parents simplement à cause de la façon dont ils s'habillent, de leur manière de parler ou des valeurs qu'ils véhiculent. En fait, la motivation principale qui pousse certains jeunes à avoir honte de leurs géniteurs réside dans leur désir d'indépendance. Ils veulent être considérés comme prêts à assumer les commandes de leur nouvelle vie. Ce message semble particulière-ment important à transmettre aux amis. Mais penses-y bien: vaut-il mieux blesser ses parents pour impressionner quelques amis que tu risques fort de ne plus jamais revoir après la fin de ton secondaire, ou préserver le lien de confiance et de respect avec tes parents qui, eux, feront partie de ta vie pour le reste de tes jours? Encore ici, le programme de base (celui qui te pousse à t'individualiser et à rejeter l'influence de tes parents) n'est pas nécessairement celui qui donne les meilleurs résultats !

Il faut tout un village pour éduquer un enfant

Plusieurs parents ont du mal à laisser leur enfant faire ses propres expériences (tu as dû le remarquer !). Ce n'est pas le cas dans toutes les cultures cependant.

Le vieil adage africain qui dit qu'il faut tout un village pour éduquer un enfant est profondément respecté dans plusieurs pays d'Afrique et aussi en Polynésie française. Dans ces contrées, il est normal que l'enfant aille vivre ailleurs quand il grandit et qu'il n'est pas encore prêt à vivre seul. (Ici, on appelle cette étape «l'adolescence» mais, dans ces pays, on vous appelle tout simplement «les jeunes».) Du jour au lendemain, le jeune est invité à aller vivre chez un oncle, un voisin ou un grand-parent.

Les tâches d'un parent

Ceci n'est qu'une liste sommaire. Je t'invite à souligner les tâches que tu reconnais que tes parents accomplissent pour toi :

Cuisiner, nettoyer la maison, laver le linge, te féliciter, te pardonner, t'écouter, te prêter des choses (des vêtements, des outils, la voiture, etc.), t'offrir du transport, t'enseigner différentes façons de faire, se taire, te donner des conseils, tolérer, recevoir tes amis, repasser les vêtements, ramasser tes traîneries, t'accorder des permissions spéciales, te soutenir dans l'atteinte de tes objectifs et dans la réalisation de tes désirs, payer les comptes, décorer la maison, t'aider dans tes travaux scolaires, entretenir le terrain, prévoir des vacances, participer à des rencontres à ton école, te motiver sur le plan scolaire, comprendre tes difficultés, te sécuriser, partager les hauts et les bas de ta vie, prendre soin de toi quand tu es malade, essayer de communiquer avec toi, payer-payer-payer, t'enseigner les tâches ménagères, te souhaiter une bonne journée et une bonne nuit, ranger ta chambre, te donner des conséquences pour t'aider à faire moins d'erreurs, te guider, réparer ce que tu as brisé, gérer les différends avec tes frères et sœurs, t'inscrire à l'école, discuter de vos malentendus, créer des conditions et des règles pour le fonctionnement de votre vie commune, faire l'épicerie, gérer les finances, discuter de tes intérêts et besoins, te donner le meilleur d'eux-mêmes.

Ce n'est ni prescrit ni prémédité. Il n'y a aucun déchirement, aucune menace. Ni peine ni colère. Les parents comprennent tout simplement que le jeune a besoin d'apprendre des autres pour mieux se construire en tant qu'individu. Le fait de laisser aller son enfant dans une autre famille est non seulement une marque d'amour, mais aussi une façon d'aider l'enfant à devenir encore plus fort, plus solide et mieux équipé pour faire face à sa nouvelle vie. Pour ces parents, il est vital que le jeune soit libre de créer sa propre vie, à sa façon. Après tout, ne dit-on pas qu'on voit le véritable succès d'un parent lorsque ses enfants n'ont plus besoin de lui?

Je crois sincèrement que les parents comprennent la nécessité pour leur enfant de recevoir des enseignements extérieurs (j'entends à l'extérieur de la famille d'origine) pour se construire et acquérir le plus de connaissances possible. Chez nous, en Occident, cette transition vers l'extérieur peut toutefois être plus difficile. Ailleurs dans le monde, le jeune n'a pas si facilement accès aux ordinateurs (avec tout ce qu'ils peuvent transmettre de valeurs négatives : sites pornographiques qui éduquent les gars et les filles à devenir des objets plutôt que des êtres sacrés ; jeux vidéo qui véhiculent de la violence et façonnent le cerveau à adopter un rythme mental malsain, etc.). Une chose est claire cependant, c'est que quel que soit la culture ou le pays d'origine, l'ado profite toujours d'avoir dans son entourage une PFET (prothèse frontale externe temporaire) sur laquelle il peut compter pour se faire aider dans ses décisions, que ce soit un parent, un voisin, un professeur ou toute autre personne.

De héros à banni

Pauvre parent ! Quelle déconfiture ! Alors qu'il est vu comme un roi ou une reine quand son enfant a quatre ou cinq ans, il se retrouve souvent

dans le rôle d'ignoré ignorant ignoble lorsque le Big Bang survient chez son jeune. Pas facile à vivre pour lui non plus! Du jour au lendemain, les parents se sentent repoussés, accusés, délaissés, malmenés, ridiculisés, abandonnés (désolée, je suis en train de me révéler!).

Imagine ce que c'est d'être parent et essaie de te mettre à la place des tiens pour une journée. Crois-tu que tes parents auraient besoin d'un câlin, d'un mot gentil ou d'un petit coup de main de temps à autre?

Les parents aussi ont leurs problèmes

Beaucoup de parents ont des problèmes non réglés de leur enfance qu'ils tendent à répéter avec leur jeune. Et je t'assure que tu auras toi aussi tendance à répéter tes problèmes avec tes rejetons. Ainsi, quelle langue leur parleras-tu? Il y a de fortes chances que ce soit celle que tu auras apprise! Tu n'as pas beaucoup le choix! De la même manière, tes parents te transmettent ce qu'ils savent. Il n'est pas évident d'apprendre une langue étrangère à 40 ans, surtout quand c'est du chinois ou de l'arabe! Parfois, parler à un ado, c'est à ça que ça ressemble!

Comment te sentirais-tu si on te blâmait parce que tu ne parles pas le chinois ou l'arabe? Comment pourrait-on t'en blâmer si tu es né au Québec dans une famille purement québécoise de souche! Alors, pourquoi blâmerais-tu tes parents de ne pas avoir eu la chance d'apprendre à être de meilleurs parents? Je peux t'assurer que la plupart des parents font tout pour donner le meilleur d'eux-mêmes à leurs enfants.

Test
Connais-tu bien tes parents?

Saurais-tu répondre aux questions suivantes?

Quelles sont les difficultés que tes parents rencontrent dans leur travail actuellement? Comment ça va dans leur vie amoureuse? Comment se sentent-ils dans leur rôle de parents? Ont-ils été blessés par leurs propres parents quand ils étaient jeunes? Sont-ils parvenus à réaliser leurs rêves? Quelles sont les déceptions de leur passé? Quels sont les objectifs qu'ils souhaitent atteindre dans les prochaines années? De quoi ont-ils peur? De quoi sont-ils fiers? De quoi se sentent-ils coupables (certains parents ont un bouton de culpabilité plus gros que la ville de Montréal!)? Quelles gaffes ont-ils faites à l'adolescence?

Je parie que tu ne peux pas répondre à la moitié de ces questions. Il y a une foule de choses que tu ignores de tes parents. Eux aussi rencontrent des difficultés. Ça peut sans doute te permettre de comprendre pourquoi ils ne sont pas toujours aussi disponibles et compréhensifs que tu le souhaiterais. Fais ta petite enquête; il y a de fortes chances que tu découvres des aspects nouveaux de tes parents. Votre relation deviendra beaucoup plus satisfaisante si tu te donnes la peine de vérifier certaines des facettes que tu ignores présentement d'eux.

Le métier de parent

L'homme et la femme qui décident d'avoir des enfants n'ont jamais reçu de cours pour devenir parents. Toutefois, c'est le métier le plus exigeant du monde. Tu dois être de garde 24 heures sur 24, il n'y a aucun jour férié, ni congé de maladie, ni prime au rendement. C'est l'emploi qui exige le plus d'heures de travail. La paie arrive tardivement (pas de chèque chaque semaine, ni même chaque mois ou chaque année!). Il n'y a aucun entraînement fourni et on s'attend à ce que tu sois parfait. Tes erreurs risquent d'avoir des conséquences sur toute la vie de l'enfant. Même quand tu as tes propres problèmes, il faut quand même être fidèle au poste. Il faut t'attendre à te faire souvent répéter que tu es incompétent. Peu importe le temps et l'énergie que tu as mis à préparer un repas ou une fête, il est possible que l'enfant n'y porte aucune attention. Il arrive qu'on oublie ton anniversaire, qu'on ne souligne pas tes succès et qu'on ne te remercie pas pour tes efforts. Malgré tout, il faut persévérer et continuer à donner le meilleur de toi-même, quoi qu'il arrive. Enfin, ton rôle aura une influence déterminante – toute une vie durant – sur ceux que tu aides.

Ça t'intéresse comme emploi futur?

Le mobile à quatre branches

Imagine un mobile auquel sont suspendus quatre objets. Si l'un d'eux est mis en mouvement, qu'arrive-t-il aux trois autres? Ils s'agitent également, n'est-ce pas? Pourquoi à ton avis? Parce que leur pôle central tend à les maintenir en équilibre ; ils bougeront jusqu'à ce que le parfait équilibre soit à nouveau rétabli. C'est également vrai pour une famille ; peu importe combien de personnes en font partie, tout le monde est affecté lorsqu'un de ses membres bouge, grandit, change. Je sais que les changements en toi sont difficiles à subir, mais sache que c'est extrêmement difficile aussi pour les autres autour de toi.

Attention aux égratignures dans les lunettes

Les égratignures sur les verres de lunettes nous empêchent de voir correctement ce qu'il y a devant nous et fatiguent les yeux. Es-tu d'accord avec cette affirmation ? Alors attention à ne pas trop faire d'égratignures dans ta relation avec tes parents parce que ça risque d'affecter votre vision pendant les 50 prochaines années. Demande aux adultes que tu connais s'ils se souviennent des « égratignures » qu'eux ou leurs parents ont créées dans leur relation. En fait, on se souvient plutôt des égratignures que les autres nous ont faites. Chose certaine, elles sont difficiles à faire disparaître et elles obstruent notre vision de l'autre. Alors gare à elles si tu veux préserver une vision claire des autres personnes qui font partie de ta vie !

Deuxième raison aux changements sociaux : la sécurité

Tout ton système est programmé pour assurer la survie de l'espèce, même le moindre de tes mouvements. La preuve ? Essaie de tourner ta tête vers la droite et tes yeux vers la gauche. Puis de l'autre côté, c'est-à-dire ta tête vers la gauche, mais tes yeux vers la droite. Pas facile, n'est-ce pas ? Pourquoi ? Comme ce genre d'action ne présente aucune utilité à l'espèce humaine, ton cerveau a plutôt développé des automatismes plus rentables. Ainsi, tes yeux bougent toujours dans la même direction que ta tête ; c'est ce qui t'assure la plus grande sécurité.

Autre mécanisme automatique que tout être humain possède: la peur engendrée par le fait de se retrouver seul. Dans l'évolution de l'espèce, le fait d'être seul pouvait signifier la mort (un homme ne pouvait pas survivre seul à l'attaque d'un animal féroce). Même si les temps ont changé, ces programmations préhistoriques sont encore bien actives à l'intérieur de nous.

Il est possible que tu ne te sois pas encore arrêté à cette idée, mais le fait de se retrouver seul pour le commun des mortels est une des pires tragédies! Or, en coupant la relation affective avec les parents, l'ado se retrouve isolé. Du coup, l'alerte est sonnée! Tu ressens donc une forte pulsion, un besoin vital d'assurer ta sécurité en établissant des liens avec d'autres personnes. C'est ce qui t'arrive avec tes amis.

Maman, j'ai raté l'avion!

Imagine la situation suivante. Tu pars en voyage en Chine avec tes parents et, à la suite d'un concours de circonstances, tu te retrouves seul, perdu. Un peu comme dans *Home Alone* – tu sais, le film *Maman, j'ai raté l'avion?* Mais dans ce cas-ci, c'est plutôt *Hong-Kong Alone.* Dès que tu réalises ce qui se passe, tu ressens une bouffée de peur (à cause des deux premières conditions énumérées au chapitre 3, tu te rappelles?). Tu envisages un danger potentiel. Il te manque des outils. Personne ne parle ta langue. Tu es au bord de la panique. Tu es à Hong-Kong, tout seul! Soudainement, tu entends deux touristes qui parlent français, avec l'accent québécois en plus! Ils parlent ta langue! Que fais-tu? Évidemment, tu accours dans leur direction et tu leur expliques ta situation dans le but d'obtenir leur aide... et il y a de bonnes chances qu'ils te l'accordent, surtout si tu es mineur.

En fait, l'adolescence pourrait aisément s'intituler *Grandir alone* ou *Perdu sans mes parents!* Ceux qui parlent ton langage, ce sont les autres ados. Bien sûr, vous tissez ensemble des liens très forts parce que vous avez les mêmes besoins, les mêmes peurs, les mêmes défis. Ce sont des sauveurs au pays de l'adolescence! Plusieurs s'accrochent tellement à leurs amis qu'ils en oublient de faire leurs travaux scolaires; c'est ce lien qui est devenu leur priorité!

Seul au monde

J'ai une mauvaise nouvelle: peu importe à quel point tu aimes tes amis, la réalité est que nous sommes tous seuls. Nous sommes tous différents: personne n'a le même corps, les mêmes pensées, les mêmes émotions, les mêmes talents, les mêmes désirs, les mêmes peurs... Nous sommes tous uniques. Quand on y pense, c'est fabuleux! Quel privilège! Mais pour la majorité des gens, ce constat est paniquant!

> *«Il vaut mieux vivre sa propre destinée de façon imparfaite que de vivre une imitation de l'autre de façon parfaite.»*
>
> Texte yogique de l'Inde ancienne

As-tu remarqué tout ce que les gens sont prêts à faire pour se faire croire qu'ils ne sont pas seuls? Cela existe chez les adultes, mais chez les jeunes aussi: plusieurs ados se transforment en caméléon social et vont s'habiller comme leurs amis, utiliser les mêmes expressions que les autres, adopter la coiffure de la gang à laquelle ils souhaitent appartenir, imiter la démarche du leader du groupe. Certains vont même jusqu'à couler leur année scolaire délibérément pour faire partie d'une gang!

Eh non, il n'y a personne de «pareil» à toi. (J'espère que je ne t'apprends pas une mauvaise nouvelle!) Tu vas le découvrir tôt ou tard. En fait, je dirais même que c'est là le but ultime de la vie. L'art d'entrer en relation n'implique pas de voir ce qui nous ressemble, mais plutôt ce qui nous différencie. Nous devons être avides de ce que l'autre peut nous apprendre. Ainsi, chacun peut être vraiment qui il est et non une simple copie conforme, une pâle imitation.

Amis ou tsunamis

Les amis peuvent entraîner de grands remous. Ils peuvent même conduire à la mort ! Tu penses que je souffre de bouttisme ? Pas du tout ! As-tu entendu parler de cette secte où des centaines de disciples ont choisi de s'empoisonner parce que leur maître les avait convaincus que la fin du monde était prévue pour le lendemain ? Ils y ont tous cru, ils ont suivi les recommandations du leader du groupe et ils se sont tous suicidés en ingurgitant un poison. Cela est arrivé il y a plusieurs années et, comme tu vois, le monde existe toujours... mais sans eux !

Les personnes que tu fréquentes sont aussi comme la fumée de cigarette : après un certain temps, tu finis par être imprégné de l'odeur environnante ! Si les jeunes autour de toi détestent l'école et font le minimum pour réussir leurs cours, peut-être as-tu besoin de nouveaux amis. Sinon, toi aussi tu sentiras le dégoût pour l'école !

Tes amis ne jouent pas seulement un rôle de sécurité actuellement dans ta vie, ils influencent aussi tout ton développement. Il n'y a rien de mal à aimer être avec tes amis, mais réfléchis bien avant de leur accorder la première place dans ta vie. Premièrement, il est rare que les liens qu'on établit au secondaire se poursuivent après la graduation. Vous serez probablement séparés à ce moment-là et tu feras ta vie de ton côté. Deuxièmement, tes amis possèdent le même équipement que toi : atrophie du préfrontal, excès de testostérone et déficit de l'information. Ils ne peuvent donc pas t'offrir de nouvelles perspectives sur les difficultés que tu rencontres. Comme ils veulent être tes amis, ils voudront t'encourager dans tout ce que tu décideras. C'est agréable quand les autres pensent comme nous, mais ce n'est pas ce qui nous fait avancer le plus ; ils ne t'apportent aucune nouveauté !

Ghetto et LEGO

Beaucoup de jeunes ont littéralement «trippé» et «trippent» encore sur les blocs LEGO. Par contre, avec seulement deux pièces, il serait difficile pour n'importe qui de faire des réalisations intéressantes et de continuer de «tripper» sur les LEGO.

Imagine que chaque expérience que tu vis t'apporte une nouvelle pièce; plus tu as d'amis, plus tu ramasses des pièces, plus elles sont différentes et plus tu as de possibilités. Par contre, si tu fais partie d'une gang qui exclut tous les autres, le nombre de LEGO que tu pourras recueillir sera très limité. Ce confort établi entre vous deviendra une sorte de ghetto et tes réalisations deviendront très répétitives puisque tu n'auras aucune nouvelle pièce pour alimenter tes créations. Porte attention, tu verras!

Le pouvoir des aimants

On est en général fasciné par les aimants; on voit qu'ils influencent des objets autour d'eux sans que ce lien ne soit pourtant visible. On peut tenir un aimant à quelques centimètres et quand même réussir à faire tourner une aiguille. Comme tu le sais, c'est la force de l'aimant qui détermine la portée de son influence.

J'ai des nouvelles pour toi. Ce même magnétisme existe entre chaque être humain également, mais en beaucoup plus fort. Un grand psychologue américain, le docteur Paul Watzlavick, affirme: «On ne peut pas ne pas influencer. Même la personne la plus timide influence les autres.»

Nous sommes tous des aimants ambulants. À l'adolescence, la compréhension de ces pouvoirs n'est pas aussi complète qu'elle pourrait l'être; quand l'ado ne se sent pas bien avec une personne, il s'en éloigne tout simplement, sans saisir que son magnétisme l'a déjà influencé.

Parfois aussi, il se fait prendre et se retrouve à adopter le même comportement ou la même attitude que l'autre (ce qui signifie que son aimant était plus fort que le sien). Après, par contre, il se demande pourquoi il a fait ça et il n'est pas fier de lui. Par exemple, Justin, un de mes clients de 12 ans, m'a admis avoir fumé avec deux gars plus vieux que lui ; il se sentait vraiment fier lorsque les deux plus vieux lui ont accordé ce privilège de fumer le joint avec eux. Sur le coup, il n'a pas réalisé qu'il était victime de l'aimant de ces gars. Ce n'est qu'après qu'il s'est senti vraiment mal. Il a réalisé qu'il n'avait pas respecté son propre désir. Cette expérience lui a permis de mieux saisir la force du magnétisme que les autres peuvent avoir sur lui.

Une corde invisible

Le docteur Steinberg, de l'Université de Temple, s'est penché sur l'évaluation du risque à l'adolescence. Dans une expérience utilisant un jeu de simulation de conduite automobile, il a étudié les réactions d'adolescents et d'adultes lorsque les feux de circulation passent au jaune. Il s'est rendu compte que les deux groupes-tests choisissent prudemment de s'arrêter lorsqu'ils jouent seuls. Mais, dès qu'ils sont en groupe, les ados ont tendance à prendre davantage de risques en présence de leurs copains, alors que les plus de 20 ans ne modifient pratiquement pas leur comportement. Il fait également remarquer que la plupart des comportements déviants d'adolescents sont le fait d'adolescents en bande[16]. Alors surveille bien cette corde invisible tirée par ton groupe d'amis!

Selon Statistique Canada, 82 % des adolescents dont tous les amis ou la plupart d'entre eux fumaient de la marijuana en avaient fait de même. Par ailleurs, 7 % seulement de ceux dont les amis n'en fumaient pas l'avaient fait. Encore la corde invisible!

---

16. Source: Steinberg, L., «Teenage Risk-taking: Biological And Inevitable?», *Science Daily,* avril 2007.

Quand on comprend bien le pouvoir de l'influence, quand on réalise qu'on ne peut pas ne pas influencer, on devient plus vigilant sur le pouvoir que les autres exercent sur nous. Choisis bien les aimants ambulants que tu côtoies; ils t'influenceront, c'est sûr, même sans le vouloir!

Par ailleurs, as-tu déjà songé à l'influence que tu exerces sur les autres? Dans ta famille? Dans tes cours à l'école? Toi aussi, tu dégages un certain magnétisme. Tu affectes ton environnement. N'est-ce pas excitant de savoir qu'on peut aider les autres – même de purs étrangers – à se sentir bien, même quand on ne parle pas, juste à partir de ce qu'on dégage? Voilà une autre bonne raison de contrôler ton mental; tu pourras alors créer beaucoup de bienfaits autour de toi!

Les différents visages de l'adolescence

Pourrais-tu reconnaître tes amis parmi ces personnages?
Et toi, à qui ressembles-tu?

PRESTO est plus rapide que sa pensée! Il ne se comprend plus, il réagit toujours trop vite, il passe ses journées dans les montagnes russes, il a beaucoup de difficulté à contrôler son impulsivité.

TANTO n'est pas très pressé de finir les corvées qui lui sont assignées et personne ne veut être en équipe avec lui dans les travaux de groupe.

TROTO arrive souvent en retard à l'école. Il trouve inhumain de devoir se lever aussi tôt.

BIENTO est timide et a tendance à reporter à plus tard tout ce qui lui fait peur.

POTO se retrouve souvent seul, il n'ose parler à personne, il ne sait pas quoi faire de son corps, il est souvent planté là, en solitaire, au milieu de l'endroit.

LOTO compte sur la chance pour obtenir des succès. Au lieu de faire ce qu'il faut pour réaliser ses ambitions, il espère que le hasard lui apportera tout sur un plateau d'argent, comme par magie. Il a de grands rêves, mais il ne fait rien pour les réaliser.

MARTO est menacé d'être mis en retrait de l'école parce qu'il est très agressif, il frappe et il bouscule les autres.

GHETTO possède sa propre gang. Il juge tous ceux qui n'en font pas partie comme des minus et des imbéciles.

TOTO n'est pas vite, pas fort, pas fin-fin. Il suit les autres et il fait ce qu'on lui demande sans réfléchir.

MOTO est le sportif, celui qui bouge, qui passe à l'action.

ALTO parle plus fort que les autres. Il pense tout savoir. Il se croit supérieur.

ÉTO se sent coincé dans la vie, il étouffe, il ne voit pas de façon de s'en sortir, il est très malheureux. Ses problèmes peuvent avoir différentes sources (famille, poids, maladie, argent, école, etc.).

PERFECTO exige d'être parfait. Comme il ne peut pas y arriver, il s'en veut constamment et il se dénigre. Il ne reconnaît ni ses forces ni ses succès, et il voit ses petits échecs en IMAX.

SEXTO n'a qu'une idée en tête: le sexe! Ça l'empêche même de se concentrer. Son activité principale est la masturbation. Il s'habille souvent de façon provocante.

MANTO a tendance à se cacher, il n'aime pas les nouveaux changements dans son corps, il a honte de se montrer.

GÂTO est l'ado qui donne tout aux autres, il essaie de les acheter en souhaitant s'en faire des amis.

BATO rêve de partir, de fuir, mais aussi de voyager, de s'exiler. Il a soif de découvertes et d'aventures.

ORTHO est désireux de faire les choses comme elles doivent être faites. Il tolère difficilement les écarts aux règles établies (ortho vient du grec et signifie «droit»).

PATHO est complètement obsédé par la maladie physique ou mentale. Il a également tendance à voir des problèmes partout (à l'école, avec les autres), et ce, même si tout va pour le mieux. Demandez-lui la date de la fin du monde, il la connaît probablement (patho vient aussi du grec et signifie «malade»).

INCOGNITO est celui qui attire la curiosité. Il n'a pas vraiment d'amis, il n'est ni rejeté ni adulé. Il n'a pas l'air malheureux de son sort non plus. Il réussit à se glisser entre le mur et la tapisserie. Son meilleur ami est souvent son ordinateur, mais pas toujours.

RECTO est celui qui fait les choses correctement; il respecte les règles, il est correct avec tout le monde, il n'est jamais vulgaire, déplacé ou en retard. Ses travaux sont toujours impeccables. C'est le frère d'ORTHO.

PLATO ne fait jamais de vagues; tout est stable et «plat» avec lui.

Les cousins

VENTILO a tendance à ventiler constamment. Il dit tout ce qu'il pense, il parle beaucoup, la plupart du temps pour rien, même si ça peut choquer. Il est trop centré sur son nombril pour réaliser l'effet qu'il a sur les autres.

COMICO est l'humoriste qui fait rire les autres. Cela lui attire souvent des problèmes en classe.

HÉRO est l'ado admiré pour son audace, son courage, sa capacité de faire des choses que les autres n'oseraient jamais tenter ou ne seraient pas capables de réussir.

AMIGO est celui qui a plein d'amis et qui est chum avec tout le monde... cela inclut même les profs!

TOXICO abuse de drogues, d'alcool ou de substances illégales.

PUNCHO a un style décontracté, il s'habille étrangement et il semble provenir d'une autre planète.

Troisième raison aux changements sociaux : la connaissance de soi

Les personnes qui t'entourent peuvent être considérées comme des miroirs qui te retournent chacune une image différente de toi. M. Dubé te trouve intéressant, Jacques pense que tu ne travailles pas assez, Alexandre est pâmé devant ta beauté; bref, tu as accès à plusieurs points de vue différents pour apprendre à connaître les multiples facettes de ta personnalité. L'adolescence engendre une foule de situations qui peuvent te permettre de rencontrer de nouveaux miroirs.

La fenêtre de Johari

Joseph Lust et Harry Ingham, deux célèbres psychologues américains, ont développé une théorie reconnue dans leur domaine qu'on appelle «la fenêtre de Johari» (combinaison de Joseph et Harry).

Selon eux, chaque personne ressemble un peu à une fenêtre à quatre carreaux (voir l'illustration ci-dessous), où chaque partie est connue de différentes personnes: dans la première partie se trouve ce que tu connais de toi-même. C'est ce que tu vis intérieurement et que les autres ignorent. Dans un deuxième carreau, c'est ce que les autres connaissent de toi. Par exemple, si tu as une tache sous le nez, il y a des chances que les autres soient mieux placés que toi pour la voir. C'est vrai aussi pour plusieurs aspects de toi. Tu as sans doute déjà eu des amis qui t'ont surpris par leurs commentaires sur tes réactions ou comportements: «Toi, t'es vraiment bonne pour trouver des solutions.» Or, tu n'avais pas vraiment remarqué ce talent jusqu'à ce que les autres te fassent ce commentaire. Le troisième carreau comporte les informations que toi ET les autres connaissez de toi-même. Finalement, dans le dernier, c'est ce que personne ne connaît de toi, pas même toi-même.

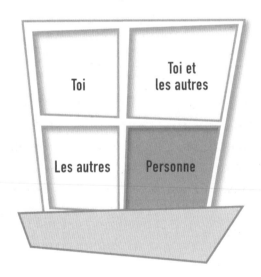

À l'adolescence, la fenêtre pourrait ressembler à l'illustration ci-dessous. La partie que tu connais de toi change constamment, parce que ton corps et ton MEC se transforment. La case que personne ne connaît demeure évidemment inconnue.

En conséquence, si on se fie à ce modèle, la meilleure façon de te connaître est «d'aller voir ailleurs» et de tenter de recevoir le plus de commentaires possible des autres. Leur rôle devient alors très important à cette étape de ton développement.

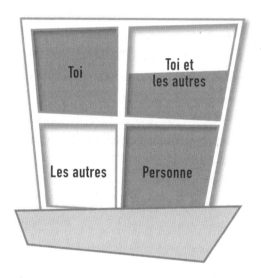

Intuitivement, les ados vont donc chercher l'info chez d'autres personnes. Cependant, comme ils savent déjà ce que leurs parents et leur famille pensent d'eux, ils vont tenter de recueillir les informations chez leurs amis, leurs profs, leurs voisins, bref, ailleurs que dans leur famille immédiate. Ces personnes deviennent des éléments-clés dans le développement de l'adolescent. Elles leur permettent de recueillir de nouveaux morceaux de casse-tête.

Avoir ou être

Tout le monde veut être heureux. Tout le monde consacre beaucoup d'énergie, de temps et d'argent à l'atteinte de cet objectif. Nous vivons dans un monde d'abondance sans précédent. Bien qu'à l'adolescence peu de personnes peuvent se vanter de faire «la belle vie», le fait est que le revenu discrétionnaire (le surplus financier!) des familles augmente de plus en plus dans les pays développés. Donc, la plupart des jeunes possèdent différents articles de sport (une bicyclette, une planche à roulettes, des skis, etc.), des objets de luxe (des bijoux, un MP3, un instrument de musique, des CD...), des vêtements haut de gamme et souvent même des articles fancy du genre gants de vélo, lunettes de ski ou de soleil, jouets... Ils ont parfois même un ordinateur et un téléviseur personnels!

Savais-tu qu'il est prouvé scientifiquement que «la belle vie» est davantage liée au fait **d'être** et non pas au fait **d'avoir**? Des recherches ont en effet démontré que le fait d'investir dans des expériences de vie plutôt que dans des possessions matérielles rendait les gens plus heureux puisque cela leur permet de construire leur confiance, leur estime personnelle et leur connaissance d'eux-mêmes[17]. À l'inverse, le matérialisme entraîne un arrêt du processus de l'actualisation de soi; en d'autres termes, le confort amène les gens à devenir paresseux (et je pense, prétentieux!).

---

17. Source: Leaf Van Boven, G. T., «To Do or to Have? That Is the Question», *Journal of Personality and Social Psychology,* 2003, Vol. 85, n° 6, p. 1193-1202.

Alors, pourquoi fais-tu des économies actuellement? Un nouveau vélo? Une autre paire de pantalon? Une bague cool? Que dirais-tu de commencer à te créer un projet lié à l'être à la place? Des exemples? Plusieurs sites Web t'offrent la chance de travailler à l'étranger dès l'âge de 14 ans. (J'en ai dressé une liste à la toute fin du livre. En passant, méfie-toi des sites que tu pourrais trouver sur le Web et dont les motivations ne sont pas très louables! Mise plutôt sur les sites gouvernementaux ou dont la crédibilité est reconnue.) Pourquoi ne pas consacrer une semaine de tes vacances d'été à faire du bénévolat dans un hôpital pour enfants ou dans un centre pour personnes âgées? Que dirais-tu d'amasser des fonds pour les jeunes pauvres de ta ville qui ne peuvent s'offrir de quoi manger sept jours sur sept? Ou encore, crée la journée du partage et invite tout le monde de ton école à rencontrer au moins cinq nouvelles personnes dans leur journée, question de partager un peu de leur vécu avec d'autres. Investis dans un spectacle musical ou en vue d'un voyage spécial! Établis un contact par Internet avec une personne qui vit dans un continent étranger. Les possibilités sont innombrables. Ton école pourra sans doute te proposer des adresses fiables. Vas-y! Il n'en tient qu'à toi de créer ton propre bonheur!

Altruisme aérobique

La diversité dans tes relations sociales est la formule gagnante pour réussir cette étape de ton développement. Une manière privilégiée de rencontrer de nouvelles personnes est de leur apporter ton aide. Tu peux être assuré que le miroir qu'ils retourneront vers toi sera très positif puisque tu leur donnes de ton temps et partages ton savoir-faire et ton savoir-être. Ça peut être particulièrement bénéfique pour ta connaissance et ton estime de toi! Chose certaine: si tu souhaites apporter ta contribution, il y a toujours des personnes et des organismes dans le besoin. Pense à tes voisins, les sans-abri, les personnes âgées, les animaux, les personnes handicapées, les enfants, l'environnement, la pauvreté, etc. Si tu n'es pas certain de vouloir t'engager définitivement chaque semaine pour une cause, commence par rendre des «services secrets»! Mets la table quand c'est le tour de ton frère, laisse un mot gentil dans la case d'une personne «rejet» à l'école, déneige le stationnement du voisin pendant qu'il dort le matin, donne un coup de main à un parfait étranger, offre tes services un samedi pour servir les repas dans une «soupe populaire».

> *« Tu n'as pas passé une journée parfaite*
> *si tu n'as pas accordé une faveur à quelqu'un*
> *qui ne pourra jamais te le remettre. »*
> Ruth Smeltzer

Tu peux aussi parler à des gens qui font du bénévolat; ils pourront te dire ce qu'ils retirent de leur expérience.

Par ailleurs, offrir de ton temps est souvent plus agréable quand on le fait avec des amis: vous aurez du plaisir, renforcerez votre relation amicale, découvrirez de nouvelles façons de vivre chez les gens que vous aiderez et retirerez ensemble une grande satisfaction d'avoir pu améliorer un peu la vie de certaines personnes.

Conclusion

Amigo, laisse-moi être ton miroir: je ne te connais pas, mais si tu es parvenu à te rendre jusqu'ici dans ce livre, c'est que tu es assurément quelqu'un de persévérant, d'ouvert d'esprit et de curieux (dans le bon sens). Sans vouloir être Gâto ou Ortho, je tiens à te féliciter de ta décision.

Par ailleurs, inutile d'inviter Sexto pour le prochain chapitre, je suis certaine qu'il a commencé sa lecture par ce dernier ! On parlera des relations ssssssssexuelles.

Les changements sexuels... de A à Z

Comme si on avait besoin d'ajouter encore aux changements à l'adolescence ! Eh oui, en voici un autre, et un gros ! Les changements sexuels ! Tu deviens capable de reproduction et le temps des premières relations sexuelles approche. Tu dois donc découvrir la machinerie, la mécanique, le sexe opposé et tout le bazar. Je t'ai préparé des détails précis, intéressants, inédits, croustillants, surprenants ! Je souhaite seulement que tes parents te permettront de les lire !

Un rôle important de la testostérone, comme je l'ai déjà mentionné, est de propulser le désir «d'accouplement». J'utilise un terme qu'on réserve habituellement au règne animal – parce que c'est effectivement la provenance de ce désir. Il s'agit d'une pulsion purement instinctive qui fait que l'on recherche une personne du sexe opposé pour se reproduire et assurer la survie de l'espèce. Je sais que j'ai l'air d'un disque rayé, mais c'est que cet aspect de la reproduction est central actuellement dans ton développement.

Je me souviens de mes 11 ans! J'avais deux sœurs et un frère plus vieux que moi. Ils avaient déjà des chums et des blondes (eh oui, le mot «blonde» était nécessairement au pluriel dans le cas de mon frère!). Je faisais semblant de tout savoir, de tout suivre ce qu'ils disaient quand ils parlaient de leur *necking* (c'est comme ça qu'on appelait le fait de partir avec son amoureux dans un petit coin tranquille pour s'embrasser et se caresser), mais je te jure que je sortais mes oreilles d'éléphant pour tout entendre. Je voulais me déniaiser, tout savoir! Je ne connaissais rien!

C'est effectivement gênant d'admettre notre ignorance dans ce domaine. Alors, on fait semblant qu'on sait! Les cours de sexualité à l'école entraînent toujours des rires nerveux, une gêne, des commentaires déplacés qui arrivent rarement à camoufler notre inconfort. Par ailleurs, on ne veut surtout pas se faire surprendre avec une revue ou un livre sur le sujet.

Ici, mon but n'est pas de t'expliquer qu'un *french kiss* est quand les deux partenaires jouent avec leur langue en s'embrassant ou que faire l'amour, c'est quand le gars pénètre dans le vagin de la femme avec son pénis et éventuellement, éjacule, c'est-à-dire qu'il laisse échapper du sperme par son urètre situé au bout du pénis. Ça, tu le sais déjà. Mon but: te donner des informations non disponibles à l'école, ni dans les films ou revues porno, ni dans la plupart des livres à ta disposition. Je souhaite te dire des choses que tu ignores totalement pour le moment et qui vont bien au-delà de la simple procréation. Plusieurs adultes ayant 20, et même 30 ans de pratique (tu vois ce que je veux dire!), ignorent certaines de ces infos. J'espère donc non seulement qu'elles sauront t'intéresser, mais aussi que tu sauras en tirer profit!

Trois niveaux de sexualité

Dans tout domaine, il y a l'option de base, le modèle intermédiaire et la catégorie de luxe. C'est un peu comme la Lada, la Jetta et la Rolls-Royce. Les trois roulent et peuvent t'emmener au même endroit. Cependant, il y en a vraiment une qui se démarque et offre beaucoup plus de confort, d'options, de sécurité et de fiabilité... mais elle coûte plus cher. C'est vrai aussi pour les relations sexuelles.

Modèle de base : la Lada

Le modèle de base consiste simplement à remplir notre mission de reproduction. On se fout de l'amour ; ce qui compte, c'est que la femelle réussisse à attirer le mâle, que le mâle réussisse à se faire accepter de la femelle, qu'il y ait copulation le plus rapidement possible et le tour est joué.

Il semble que les premières relations sexuelles de plusieurs jeunes s'inscrivent dans ce modèle ! La fille s'habille de manière à révéler son anatomie le plus possible (s'habiller est un bien grand mot ; dans certains cas, on doit plutôt parler de se déshabiller !) pour attirer les mâles, et se place en situation où «ça pourrait arriver». Le gars prend le rôle ancestral du mâle reproducteur : un bon copulateur, c'est-à-dire qu'il doit pouvoir avoir une érection dès qu'il voit une femelle potentielle, se montrer dominant et passer rapidement au «vif» du sujet, tout en convainquant la femelle, de toutes les façons possibles, de le suivre dans un endroit où la copulation sera possible ! L'acte s'ensuit, sans que les deux personnes aient le temps de se connaître (ce facteur n'est pas important dans le règne animal, seule la reproduction ou la copulation importe). La relation dure quelques minutes et le mâle éjacule. Le plaisir atteint donc un paroxysme : le sperme contenant les spermatozoïdes destinés à féconder l'ovule de la femme et donner naissance à un fœtus s'échappe du pénis. Mission accomplie. Fin de l'histoire. Il est bien possible que les deux protagonistes ne se revoient ni ne se reparlent encore. *Exit!*

Les deux apprentis ressortent de cette expérience avec des sentiments mitigés. D'une part, leur cerveau reptilien les félicite d'avoir accompli leur devoir: «Bravo! Vous avez réussi à assurer la survie de l'espèce. Vous avez accompli votre mission!» Ils se sentent donc rassurés: ils savent maintenant de quoi il s'agit, comment faire, ce que ça fait; ils ont ajouté de nouvelles informations à leur expérience et ils se sentent égaux ou en avance sur leurs amis. Certains ont aussi l'impression d'avoir atteint un statut supérieur parce qu'ils ont percé les secrets du monde adulte. D'autre part, leur cerveau plus évolué (mais comme tu le sais, il ne s'agit que d'un début de préfrontal!) les amène à réaliser qu'il doit y avoir quelque chose de plus satisfaisant, de plus digne ou de plus sacré, quelque chose qui laisse un bon souvenir. Il leur semble difficile de croire qu'il ne s'agit que d'un moment qu'on cherche à oublier le plus rapidement possible.

Les partisans du modèle de base ont souvent fait leur éducation sexuelle en visionnant des films ou en lisant des revues porno. Ils sont tout fiers d'être capables de répéter la «désinhibition» qu'ils y ont observée, ils se sentent «connaisseurs» parce qu'ils ont déjà vu plusieurs organes génitaux et ils sont capables d'imiter plusieurs trucs et positions sexuelles. Malheureusement, leur façon de faire s'inscrit dans le modèle le plus *basic,* voire animal.

Ce véhicule t'attirera toujours des problèmes. Cela dit, certaines personnes refusent malgré tout d'économiser pour s'offrir un modèle plus confortable, plus sécuritaire et plus agréable.

En passant, pour ton information, la pornographie peut entraîner une dépendance, tout comme la drogue, qui opère lentement mais sûrement. La victime tend à en consommer de plus en plus jusqu'à en devenir complètement dépendante. C'est comme le phénomène de la grenouille bouillie. Tu te doutes probablement que si on place une grenouille dans un bol d'eau bouillante, elle aura tendance à s'éjecter dès qu'elle sentira la chaleur de l'eau. Par contre, savais-tu que si on la place dans un bol d'eau tempérée et que l'on chauffe l'eau graduellement, elle demeurera dans le bol jusqu'à ce qu'elle meure parce qu'elle s'adaptera peu à peu? C'est ce qui se passe aussi dans le cas de toute dépendance, et la porno n'y échappe pas. En consommant régulièrement de la pornographie, tu t'habitues, tu commences à pratiquer ce que tu y vois et, éventuellement, tu y es tellement accro que ce sont ceux qui n'en consomment pas qui te semblent anormaux et niaiseux! C'est le signe que ton jugement a été complètement bouilli, comme la grenouille!

Passons à une étape plus intéressante: le modèle intermédiaire.

La pilule du lendemain...

Les pilules du lendemain (elles viennent en paire) – ou, plus précisément, la contraception orale d'urgence – sont utilisées pour prévenir une grossesse après une relation sexuelle. Elles peuvent être prises jusqu'à cinq jours après une relation sexuelle non protégée et présentent les caractéristiques suivantes:

- Elles préviennent plus de 85 % des grossesses si elles sont prises dans les 72 heures qui suivent la relation sexuelle.

- Elles ne requièrent aucune ordonnance médicale.

- Elles modifient le mucus cervical de façon à le rendre «hostile» aux spermatozoïdes et elles amincissent la paroi de l'endomètre, ce qui rend difficile la nidation d'un œuf fécondé, soit son implantation dans l'utérus. (Dans les rares cas où la nidation a déjà eu lieu, la contraception orale d'urgence n'interrompt pas la grossesse et ne pose aucun risque pour le fœtus[18].) Par contre, il s'agit d'une solution de dernier recours, car cette médication entraîne plusieurs effets secondaires.

Qu'est-ce que t'as contre les Lada?

18. Source: www.masexualite.ca.

Le jeu de la vérité

Nadine Beaulieu, une sexologue, a fait une expérience avec une vingtaine de jeunes de 14-15 ans, tant avec des filles qu'avec des gars. Elle a intitulé cette expérience « Le jeu de la vérité ». Chaque jeune devait poser des questions aux personnes du sexe opposé et celles-ci devaient répondre en ne disant que la vérité. Quand on a demandé aux gars s'ils étaient attirés envers les filles qu'ils savaient capables de faire des « affaires osées » aux gars (comme des fellations) et qui s'affichaient comme étant « connaissantes » sur la sexualité, ils ont répondu littéralement et unanimement : « On aime ça les regarder, on aimerait ça les sauter, mais on ne voudrait pas que les autres pensent qu'on sort avec ! » La fille experte ou celle qui se montre trop volontaire n'est donc pas celle que les gars cherchent. Ils ont plutôt tendance à l'utiliser... pour satisfaire leurs besoins de base !

Modèle intermédiaire : la Jetta tout équipée !

Peggy Papp, psychologue américaine, recommande ceci : « Attendez le plus longtemps possible avant de le faire, parce qu'une fois que vous l'avez fait, tout ce que vous voulez faire, c'est le refaire ! »

Le modèle intermédiaire tient compte de cette recommandation. Ici, les deux partenaires prennent le temps de se découvrir, de se connaître, d'instaurer d'abord une confiance mutuelle et de sentir qu'ils s'aiment vraiment avant de passer à l'acte. Pour éviter de déroger à leur volonté, ces jeunes ont des codes de conduite préétablis qui les immunisent en cas d'« occasions-surprises » ou de situations impliquant la consommation d'alcool ou de drogues (ce qui affaiblit le préfrontal encore davantage). Avant d'aller à un party ou avant de partager leur intimité, ils se répètent leur code de conduite. «Jamais lors de la première rencontre», «Jamais avant de me sentir parfaitement bien avec l'autre», «Jamais sans contraceptifs».

Le modèle intermédiaire est beaucoup plus qu'un acte instinctif et primaire; il est basé sur l'amour, le respect mutuel, la connaissance de sa sexualité et de celle de l'autre. Les deux partenaires sont capables d'ouverture et d'honnêteté l'un vers l'autre et ils ont établi une bonne communication, qui leur permet de partager leurs désirs et leurs besoins. Ils se découvrent progressivement jusqu'à ce qu'ils sentent tous les deux, sans ressentir de pression, que le moment est venu d'aller plus loin ensemble.

C'est une chose de reproduire l'espèce, mais c'en est une autre de laisser un souvenir mémorable de tendresse, d'amour, de satisfaction et de bien-être que l'autre aura plaisir à se remémorer après une rencontre intime. Il est normal d'être maladroit lors de nos premières expériences. Le fait de s'instruire sur le sujet pourra toutefois réduire le risque d'erreur et même rendre les premières tentatives plus faciles et agréables.

Les différences homme-femme

Encore une fois, la nature a prévu faciliter la reproduction: pour que l'espèce soit reproduite, il est nécessaire que l'homme éjacule, mais il n'est pas indispensable que la femme vive un orgasme! Le modèle de base prévoit donc qu'un seul des deux soit satisfait sexuellement – l'homme –, et c'est trop souvent ce qui se passe.

Dans le modèle plus évolué, l'homme apprend à retarder son éjaculation pour permettre à la femme d'atteindre, elle aussi, un orgasme ou un véritable plaisir sexuel. Comment parvenir à cet accomplissement ? En connaissant la différence entre les deux sexes.

Imaginons un système de points. Admettons qu'en général le gars a besoin de 20 points pour avoir une érection et de 50 points pour éjaculer. En comparaison, la fille, elle, a besoin de 100 points pour avoir un orgasme. À environ 25 points, son vagin va se lubrifier pour faciliter la pénétration du pénis. Plusieurs pensent que c'est le signe qu'elle a eu un orgasme. Pas du tout. Ce n'est encore une fois qu'un réflexe automatique de la nature. À 75 points, l'intérieur du vagin atteint une température plus élevée et plus propice à un orgasme. Également, entre 25 et 75 points, le vagin s'allonge et l'utérus remonte.

Contrairement à ce que plusieurs pensent, la façon de gagner des points n'est pas d'accélérer les mouvements de va-et-vient à l'intérieur du vagin, mais plutôt d'alterner des périodes plus intenses et des périodes plus douces, où l'homme peut même se retirer du vagin de sa partenaire, tout en continuant de la caresser, de l'embrasser ou de la masturber. Ces périodes de retrait permettent au gars de mieux contrôler ses éjaculations et donne à la fille la chance de continuer d'accumuler des points ! Le gars comme la fille doivent apprendre à doser l'intensité de la relation pour pouvoir prolonger la durée de la rencontre intime et ainsi parvenir ensemble à une plus grande satisfaction.

Il y a beaucoup de bénéfices pour le gars à mettre l'accent sur le plaisir de sa partenaire : il devient non seulement apprécié mais recherché pour ses compétences ! Son plaisir dure plus longtemps, puisque la relation se prolonge. Il se sent plus mature, plus homme, moins animal. De plus, son orgasme est encore plus puissant lorsqu'il survient. Sa partenaire se sent davantage aimée et respectée. Il ressent une grande force du fait qu'il se connaît mieux, respecte davantage sa partenaire et est capable de contrôler ses éjaculations. Il se sent aussi plus compétent.

L'anatomie féminine

La plupart des femmes ignorent qu'elles peuvent avoir plusieurs formes de plaisir : le plaisir vaginal, le plaisir du point G, le plaisir clitoridien et le plaisir urétral. Chacune de ces formes de plaisir présente une intensité de plus en plus grande. Regardons cela plus en détail.

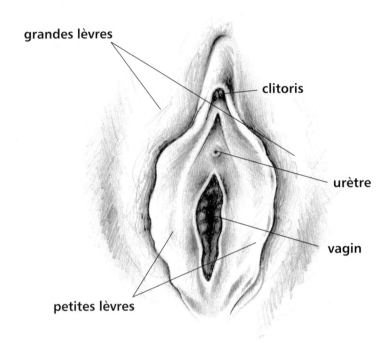

L'illustration ci-dessus présente la position des organes génitaux féminins. Le plaisir vaginal est celui qui est le plus connu, du moins des gars. La fille parvient à cet état à la suite de la pénétration du pénis ou d'un vibrateur à l'intérieur du vagin et d'une stimulation qui lui est agréable. À noter que pour la femme, l'amour et la confiance en l'autre sont souvent des conditions préalables à l'orgasme. La majorité des femmes ne parviennent donc pas à l'orgasme avec le modèle de base, axé davantage sur la chose que sur la personne !

Pour filles seulement
Connais-toi toi-même

En général, les filles connaissent leur anatomie moins bien que les gars: contrairement aux gars qui tiennent leur pénis dans leur main cinq ou six fois par jour (et on le sait, beaucoup plus chez certains!), les filles, elles, ont besoin d'un miroir pour connaître leurs parties intimes.

Le fait est que si tu ne connais que quelques morceaux de ton casse-tête, tu ne pourras pas être une partenaire exceptionnelle. La fille aussi doit apprendre à se connaître pour diminuer son déficit d'information. Souvent, elle attend que le gars la caresse pour découvrir ses zones plus «sensibles». Assure-toi de t'explorer pour bien connaître l'ensemble de ton corps.

Le point G se situe à environ 5 à 7,5 centimètres à l'intérieur du vagin, sur la surface antérieure du bas du ventre. La plupart des filles ont besoin d'une stimulation de 20 à 50 minutes pour vivre un orgasme du point G. Leur partenaire doit pratiquer une stimulation avec leur majeur en exécutant des mouvements réguliers (un ou deux par seconde) de glissement ou de contact dans cette région. Le gars peut aussi utiliser son autre main pour exercer une douce pression rythmique sur le bas du ventre de sa partenaire de manière à augmenter le contact entre le point G et le doigt qui se trouve à l'intérieur du vagin. La fille qui n'a jamais été stimulée à ce niveau risque de ne ressentir aucune sensation particulière lors des premiers attouchements. Le plaisir croît avec l'usage, comme le dit le dicton !

La stimulation du clitoris est une autre chose à apprivoiser tant pour la fille que pour le gars. D'abord, si les relations se déroulent dans le noir, il se peut que le gars ait de la difficulté à trouver cette région. D'une part, le clitoris étant une muqueuse (comme l'intérieur de ta bouche) et, en général, une région très petite, il est difficile de le reconnaître au toucher. Encore ici, les premières stimulations ne procurent pas nécessairement de plaisir à la fille, à cause de la nouveauté et du malaise lié à la découverte et à la révélation de son anatomie. Le clitoris est par contre beaucoup plus important que la petite partie visible ; il s'étale en fait sur environ 2,5 centimètres vers le bas et 2,5 centimètres vers le haut, sous la surface. L'orgasme clitoridien, tout comme l'orgasme du point G, entraîne un plaisir intense pour la fille, supérieur à l'orgasme vaginal. Pour y parvenir, une stimulation en cercle autour du clitoris, idéalement avec un lubrifiant pour ne pas créer d'irritation puisqu'il s'agit d'une zone très sensible, est ce qui permet de procurer le plus de plaisir. Certaines utilisent des vibrateurs dont le rythme peut être ajusté pour répondre aux exigences de son utilisatrice ! Le gars peut également stimuler le clitoris de sa partenaire avec son pénis et ainsi procurer du plaisir aux deux simultanément. Lorsque le clitoris est stimulé, il devient ferme ; les sexologues parlent alors d'« érection féminine ».

De plus, la femme est constituée pour avoir des éjaculations, tout comme l'homme. Cette réalité est toutefois méconnue ou même inconnue tant des filles que des gars (et même de plusieurs adultes). Les glandes de Bartholin, sur la surface externe du vagin, ont la capacité de produire un liquide blanchâtre et inodore qui ressemble un peu au sperme masculin. Lors de l'orgasme, ce liquide est expulsé par l'urètre et s'évapore très rapidement. Ce qui surprend, c'est son abondance et la pression avec laquelle il est éjaculé : la femme peut expulser jusqu'à

500 millilitres de ce liquide par orgasme et pouvant atteindre une distance de 3 mètres. Bien que toutes les femmes aient la capacité d'avoir des orgasmes urétraux, seule une petite minorité a la chance de connaître cette expérience jugée comme la plus intense qu'une femme puisse éprouver. Il n'existe malheureusement aucune recette magique pour parvenir à ce niveau de plaisir. La plupart des femmes découvrent cet orgasme par hasard pendant leur vie; par la suite, ce type d'orgasme tend à se répéter. Il est important de reconnaître que le liquide expulsé lors de ces éjaculations n'est pas du tout de l'urine, bien qu'il soit éjaculé par le même canal, l'urètre. En fait, tout comme chez l'homme, lorsqu'un passage s'ouvre, disons celui du sperme, l'autre passage (celui de l'urine) devient automatiquement inopérant.

Selon les statistiques, une majorité de femmes adultes n'auraient jamais connu aucune forme d'orgasme de toute leur vie ! Il y a donc plus de gens qu'on pense qui vivent au niveau de base, tant du côté des hommes que de celui des femmes !

L'anatomie masculine
Chez le gars, il y a principalement deux régions plus sensibles : le frein et le point de la prostate. Ces points sont illustrés à la page suivante.

La partie entre le tronc et le gland du pénis est appelée le frein. Région plus sensible chez le gars, elle tend à rapporter plus de points, et ce, qu'elle soit stimulée avec les doigts, la main au complet, la langue ou la bouche.

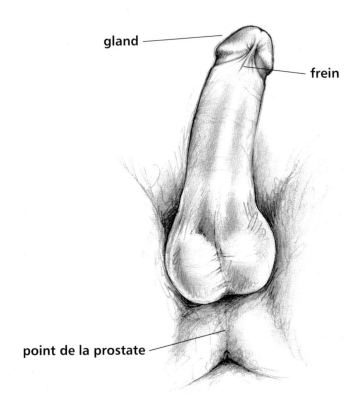

gland

frein

point de la prostate

Le savais-tu?

Selon les scientifiques, la raison pour laquelle on a du poil au pubis, c'est pour signaler à l'autre sexe: «Eh! regarde par ici!», et ainsi travailler à la survie de l'espèce!

L'autre région est ce qu'on appelle la zone de la prostate. Elle se situe à la base intérieure du pénis, soit entre les deux jambes, à environ 5 centimètres de l'anus.

Lorsque le gars est en érection, il est plus facile de trouver cette zone puisque la fille sent alors mieux l'endroit où la base du pénis débute. Plusieurs pensent qu'il s'agit d'une sorte de point G masculin. Pour le stimuler, la femme doit appliquer une pression douce mais ferme vers l'intérieur avec le coussin de son pouce, de façon rythmique et continue. Bien qu'il soit très exceptionnel que le gars parvienne à un orgasme de cette façon, le plaisir qu'il ressent vaut quand même l'effort ! Pour lui aussi, le plaisir croît avec l'usage et, sans être désagréables, les premières expériences ne soulèvent pas particulièrement de plaisir.

Quant à la masturbation masculine, il y a bien sûr la bonne vieille méthode que tous les gars ont tendance à utiliser : il s'agit tout simplement d'empoigner le pénis d'une manière assez ferme et d'exercer un mouvement de bas en haut et de haut en bas. Un peu comme la peau du genou ou du coude, la peau qui recouvre le pénis est insensible. Pour que le gars ressente une certaine sensation, il faut donc que les tissus internes soient stimulés. Il ne faut surtout pas se gêner non plus pour vérifier avec lui la pression qu'il préfère puisque cela varie pour chaque gars. Par ailleurs, la fille peut lui offrir un peu de fantaisie en exerçant de doux mouvements de rotation (donc non pas un mouvement de haut en bas mais bien de droite à gauche) avec les deux mains ; un peu comme quand on tord un linge, la main droite doit exécuter un mouvement opposé à celui de la main gauche. Le pénis peut aussi être vu comme une flûte : on peut y jouer une gamme en le parcourant du bout des doigts. Tant que les ingrédients magiques sont présents, l'expérimentation et les erreurs ne causent jamais de problème ; ces ingrédients s'appellent l'amour et la confiance.

Il est aussi possible d'aider le gars à contrôler ses éjaculations. Lorsque celui-ci éjacule, ses testicules montent dans son scrotum. La femme peut forcer les testicules à demeurer plus bas en empoignant le scrotum et en exerçant une pression ferme avec son pouce et son index au niveau de la base du pénis de manière à emprisonner les testicules dans le bas du scrotum. Attention de ne pas resserrer vos autres doigts, cependant. Il est très douloureux pour un gars d'avoir les testicules « squeezés » !

Circoncis ou pas ?

Certains gars sont circoncis alors que d'autres ne le sont pas. Au Québec, avant 1970, les bébés masculins étaient automatiquement circoncis dès leur naissance, c'est-à-dire qu'on retirait le prépuce, soit la peau qui recouvre le gland (le bout du pénis). Depuis, cette pratique n'est plus en vigueur parce qu'il a été démontré que l'exposition constante du gland entraînait une kératinisation. En d'autres termes, cette région devenait moins sensible aux différentes stimulations. À présent, à moins d'appartenir à un groupe religieux particulier ou d'avoir connu certains problèmes du détachement du prépuce à l'adolescence, les gars de 40 ans et moins (en 2010) ne devraient pas être circoncis.

Zones érogènes

Bien que les organes génitaux mâles et femelles soient reconnus comme les zones les plus érogènes (ou celles qui procurent le plus de plaisir sexuel), les amants du niveau intermédiaire recherchent plus que le simple plaisir sexuel ; ils souhaitent partager une intimité riche, basée sur l'amour et sur un partage réel de l'ensemble de leur être. En conséquence, ils accordent aussi beaucoup d'importance aux autres parties du corps. Ils peuvent, par exemple, se masser ou s'embrasser les pieds. Le gars ou la fille peut tendrement caresser le dos de l'autre avec son ventre et sa poitrine. L'un peut laisser son doigt parcourir les cuisses ou les bras de sa partenaire. L'autre peut embrasser le visage ou caresser le cou avec ses cheveux et sa tête! Ces moments de grande tendresse, de jeu intime ajoutent à la richesse de la rencontre et laissent de doux souvenirs qu'on aime revivre et se rappeler.

Dans l'une de mes conférences, je présente une forme humaine découpée dans une page de tableau à feuilles (une grande feuille de 61 × 90 cm). J'explique aux couples présents que pour qu'une personne se sente aimée, chaque partie de son anatomie doit recevoir le message.

Alors que le modèle de base ne se centre que sur une petite région, les options intermédiaires et de luxe tiennent compte de l'ensemble du corps.

Fellation et cunnilingus

Le fait de caresser les organes génitaux du gars ou de la fille avec sa bouche s'appelle respectivement fellation et cunnilingus. En aucun cas, l'un ou l'autre ne devrait se sentir obligé de donner ou de recevoir ce type de caresse. Plusieurs couples vivent des relations sexuelles très satisfaisantes sans jamais utiliser ces variantes sexuelles. Si jamais tu t'y sens forcé, c'est déjà un indice important pour te signifier que tu ne te trouves probablement pas avec le ou la bonne partenaire ou que tu essaies de gagner au jeu de la performance plutôt que d'être toi-même. Tu te situes alors dans le modèle de base !

La touche magique

Sache que les meilleurs maîtresses et amants ne sont pas ceux qui pratiquent le plus de «trucs», mais bien ceux qui réussissent à laisser parler leurs sentiments. C'est vraiment ça, la touche magique. Pour la posséder, il faut d'abord que la relation de confiance et l'amour soient au rendez-vous. Aucune technique ne peut remplacer l'intensité qui découle de la rencontre de ces deux conditions.

Avec l'amour et la confiance, les deux partenaires ont plus de chance de parvenir à l'orgasme mais, surtout, lorsque la relation se termine, ils ont encore le désir d'être ensemble et de se revoir ; leur amour s'en trouve plus fort. Ni l'un ni l'autre ne recherchent la performance ; l'accent est placé surtout sur un échange sincère et authentique qui témoigne de leurs sentiments amoureux. Quand ces éléments sont au rendez-vous, chacun sent automatiquement comment plaire à l'autre et exprimer son amour. Les amants développent une communication franche et ouverte dans toutes les facettes de leur relation, incluant leur sexualité. Ils sont ainsi mieux équipés pour apprendre à se connaître et à se plaire encore davantage. (Si tu es intéressé à aller plus loin dans la connaissance de toi-même et de l'autre sur le plan de l'intimité, je te recommande un autre de mes livres, *Cures de rajeunissement pour vos relations sexuelles.* J'y présente une trentaine d'exercices à faire à deux, des façons de plaire aux cinq sens, les neuf facteurs d'une vie sexuelle épanouie, et plus.)

Durée

Dans l'option intermédiaire, les relations sexuelles durent au moins 30 minutes et souvent davantage. La fréquence est en général plus élevée chez les nouveaux amants, pouvant aller jusqu'à deux ou même trois fois par jour.

Modèle de luxe : la Rolls-Royce

Comme tu le sais, les Rolls-Royce ne sont pas accessibles à tout le monde ; très peu de gens arrivent à se les offrir. Plusieurs abdiquent et refusent même d'envisager cette possibilité. D'autres, par envie, dénigrent ceux qui en ont en les accusant de tous les torts. Tout cela est vrai aussi pour la Rolls-Royce des relations intimes ; la majorité n'en aura jamais et certains seront même tentés de dénigrer ceux qui accèdent à ce niveau.

Ce niveau, c'est celui de la spiritualité. Les relations sexuelles peuvent aller bien au-delà de la satisfaction physique et affective entre deux personnes. La rencontre intime d'un homme et d'une femme engage l'un des pouvoirs les plus grands de la planète: celui de donner la vie ! Ceux qui apprennent à canaliser cette force sont propulsés sur une voie spirituelle qui leur permet d'élever leur niveau de conscience en accédant à l'éveil de la *kundalini* (selon les textes sanskrits de l'Inde ancienne, ce pouvoir sacré est à l'état dormant chez chaque être humain). Ainsi, pour les tenants du tantrisme (une philosophie datant de plus de 5 000 ans), le plaisir sexuel peut servir de voie d'accès privilégiée pour augmenter notre vitalité, améliorer notre santé et accéder à des pouvoirs réservés aux élus.

Désirs de découvrir

DÉSIR, c'est bon quand ça rime avec rire, plaisir, choisir, s'instruire, mûrir, acquérir et élire. DÉSIR, c'est mauvais quand ça rime avec maudire, salir, faillir, pire, souffrir, mentir, finir. Quels que soient tes DÉSIRS, ils rimeront souvent avec rougir, frémir et séduire.

Je n'irai pas plus loin avec cette option pour le moment. Si ça t'intéresse, il existe beaucoup de livres sur le sujet. Ils ne sont pas tous bons. Attention aussi aux informations que tu pourrais trouver sur Internet ! Il y a beaucoup de *funk* dans le domaine. Certains sites porno ont même tenté de s'approprier ces connaissances sacrées pour tenter d'augmenter leur popularité.

Il est à noter aussi qu'entre la Lada et la Rolls-Royce, on retrouve aussi l'Echo, la Cavalier, le Grand Prix, la Sonata, la Cadillac, l'Audi, etc. Le marché est rempli de modèles que tu peux sélectionner ! À toi de choisir !

Es-tu CERTAIN?

Avant de te lancer dans une première relation sexuelle avec qui que ce soit, assure-toi d'être CERTAIN!

Si tu te demandes encore quelles sont les conditions pour t'éviter d'avoir des regrets à la suite d'une relation sexuelle, je t'offre mon point de vue. Assure-toi simplement d'être **C.E.R.T.A.I.N.**

C pour Contraception: pour que le rêve d'un soir ne se transforme pas en cauchemar de toute une vie.

E pour Ensemble: les deux partenaires doivent être prêts et désirer tous les deux aller plus loin ensemble.

R pour Respect: chacun doit respecter les limites de l'autre sans le juger ni le ridiculiser.

T pour Trust: la relation de confiance doit être solidement établie et la communication doit être ouverte et honnête.

A pour Accessible: vous devez avoir un endroit accessible pour vous retrouver et vivre votre intimité, un endroit où vous vous sentez bien tous les deux.

I pour Intérêts: les deux amants doivent partager des valeurs et des intérêts communs.

N pour Novice: dès qu'il s'agit d'une première relation, avec qui que ce soit, on devient novice; chacun doit donc avoir le droit à l'erreur, à l'expérimentation et à la découverte.

Vaut mieux des désirs que des regrets!

La rencontre intime entre un homme et une femme a quelque chose de sacré.

Martine avait un problème d'obésité. Très timide, elle n'était pas très populaire auprès des gars. Un soir, Claude, qui «pognait» énormément auprès des filles mais qui ne les respectait vraiment pas, a décidé d'«avoir» Martine, juste pour faire rire ses chums. Elle n'avait que 14 ans. Ça s'est passé sur la banquette arrière d'une voiture, dans un stationnement. Aucune tendresse, aucune caresse, il l'a simplement violée. Ça lui a pris 20 minutes à la convaincre. Elle voulait tellement vivre cette expérience... elle n'avait jamais pensé aux risques qui y étaient associés. Elle se souviendra de cette soirée toute sa vie et, malheureusement, ça ne fera pas partie de ses souvenirs heureux.

Je peux t'assurer que ce genre d'expérience rapporte 100 fois, 1 000 fois plus de regrets que de bien-être. Les autres filles qui ont vu le condom usagé par terre après ont su que ça s'était passé. D'ailleurs, Claude s'en est vanté à tout le monde en disant à quel point ça l'avait «écœuré de le faire avec une grosse»! Tu vois le genre! Si tu te sens pressé de vivre ta première relation sexuelle, méfie-toi du modèle de base. Tu t'en souviendras toute ta vie. Fais en sorte d'être fier de ce qui se sera passé.

Suis-je homo ou hétéro?

La reconnaissance de son orientation sexuelle est une étape qui passe tout à fait inaperçue pour la majorité des jeunes. Elle peut cependant devenir une grande source d'anxiété et de doutes chez d'autres. Quand notre orientation correspond à celle de 90 % de la population (soit hétérosexuelle), ça va! Quand elle se trouve dans le 10 % d'exception (soit homosexuelle), c'est une autre histoire. Comme toute personne qui se démarque par des caractéristiques particulières ou qui fait partie d'une minorité, que celle-ci soit vécue comme positive ou négative (résultats scolaires, ethnie, attributs physiques, situation financière ou autre), la personne tend à se sentir marginale, jugée (ce qui peut être une réalité, et non seulement un ressenti), parfois même anormale.

À mon avis, l'hétérosexualité et l'homosexualité peuvent être innées ou acquises. Si l'orientation sexuelle est innée, c'est qu'elle est le résultat de la nature; l'orientation acquise est un choix délibéré à la suite d'événements particuliers.

L'orientation innée

Parmi les morceaux de casse-tête que tu récoltes à l'adolescence, il y en a aussi liés à ton orientation sexuelle. Ce ne sont pas des morceaux que tu choisis; tu les découvres simplement à l'intérieur de toi au fil du temps et des expériences que tu vis. Si tu te sens davantage attiré par des personnes du même sexe, s'il t'arrive de penser et de réagir différemment des autres personnes du même sexe que toi, il est possible que tu sois homosexuel.

Je t'encourage toutefois à ne pas conclure trop rapidement. Comme tu le sais, tu es dans une période où tu découvres de nouveaux morceaux de toi tous les jours. Par ailleurs, il arrive (surtout chez les garçons) que les jeunes s'observent ou se masturbent en groupe. Or, le simple fait de parler de sexualité, de voir des gens faire l'amour ou se masturber (à moins que ce ne soit tes parents!) ou de voir quelqu'un excité sexuellement crée un effet de contagion! L'excitation ressentie ne constitue alors pas un signe que tu es homo ou hétéro, mais simplement un réflexe automatique associé au fait d'être en contact avec la sexualité. Il est aussi normal au début d'être intimidé par les personnes du sexe opposé: leur anatomie est différente, on se sent novice et maladroit. Cela ne signifie pas que tu sois homo non plus. Il s'agit encore une fois d'une étape normale d'inconfort devant l'inconnu.

Il n'existe aucun test médical pour te confirmer ton orientation sexuelle: c'est une réponse que tu dois sentir de l'intérieur. Personne d'autre que toi ne peut affirmer quoi que ce soit sur ce sujet.

Si par ton orientation tu te retrouves dans le groupe des minorités, il est possible (et même presque certain) que tu auras à faire face au jugement de certaines personnes, peut-être même de la part de certains membres de ta propre famille ou de tes amis proches. Il peut être tentant de rentrer dans la majorité pour faire taire les critiques et te sentir comme les autres. Cette option conduit malheureusement à un inconfort encore plus grand, car cela équivaudrait à te renier toi-même. C'est une insulte à ta nature propre. Tu as reçu une essence que tu dois honorer et dont tu dois être fier, peu importe ce que les autres en pensent. Ton bien-être et ton estime personnelle ne sont pas liés au fait d'être comme les autres, mais plutôt à l'acceptation de toutes tes pièces, de toutes tes parties, quelles qu'elles soient. Donc, sois toi-même.

L'orientation acquise

Certains événements de vie douloureux peuvent entraîner des conséquences sur ton orientation sexuelle. Le fait d'avoir vécu avec un père violent peut amener un garçon à renier son essence masculine et à s'identifier davantage à sa mère. Étant devenu plus féminin dans sa façon d'être et de penser, il pourrait alors être plus attiré par les hommes. Une fille, dans la même situation, peut avoir développé le rôle de défenseur auprès de sa mère et rechercher par la suite une autre femme pour partager sa vie, et ce, simplement pour pouvoir affirmer l'identité qu'elle se reconnaît: celle de protectrice!

Des gestes d'abus sexuel à l'enfance ou à l'adolescence laissent aussi des traces importantes dans la mémoire, surtout lorsqu'ils sont perpétrés avec violence. Une fille jadis abusée par un homme peut se sentir dégoûtée de revoir le sexe masculin; elle choisit donc de vivre sa sexualité avec une personne du même sexe pour éviter de réveiller ses mémoires traumatisantes.

Il y a aussi l'hétérosexualité acquise: pour éviter le jugement des parents ou des pairs, lequel peut exercer une pression très forte, la personne décide de faire comme tout le monde et d'aller à l'encontre de son orientation sexuelle profonde.

Bien que l'ensemble de ces choix soient légitimes et offrent un certain confort, ils découlent néanmoins d'un problème non réglé et la décision est basée sur l'évitement d'une situation douloureuse. Je crois sincèrement que cette option n'amènera jamais un sentiment total d'équilibre, d'estime et de bien-être; son point de départ est malsain. Comme on le verra plus loin, la nature humaine tend à nous faire choisir la solution la plus facile, mais c'est précisément celle qui entraîne le plus de difficultés.

Tout comme tu ne peux choisir d'avoir les yeux bruns ou bleus, tu ne peux décider de ton orientation sexuelle. Elle est inscrite dans les racines de ton être, dans ton ADN (bien que les opinions des experts divergent parfois à ce sujet). Certains s'achètent toutefois des lentilles cornéennes pour teinter leurs yeux! Pour un observateur, l'imitation est parfaite! Par contre, pour l'utilisateur, il y a un inconfort occasionnel, souvent permanent, il y a risque de blessures importantes. On peut aussi choisir une orientation sexuelle, mais ce n'est jamais aussi confortable que le fait d'être soi-même et de respecter sa véritable nature.

Voici un autre petit test pour toi. Pourrais-tu lire la phrase suivante?

vù.rdy foggovo;r fr dù.svvr ^ yrt wismf pm rdy foggtrmyé.

C'est impossible, n'est-ce pas? Pourtant, je n'ai fait que déplacer mes deux mains sur le clavier. Ce test n'est qu'une métaphore, mais j'espère qu'il te permettra de saisir que pour que tout soit clair dans ta vie, il faut que tu sois à ta place.

Si tu as besoin d'aide et si tu souhaites discuter de ton orientation, essaie de trouver quelqu'un dans la catégorie «innée», homo ou hétéro. Ces personnes sont plus authentiques et ne se battent pas pour que tu fasses partie de leur groupe; elles assument simplement leur véritable nature. Elles pourront t'aider à trouver la tienne.

Des statistiques

En 2003, Statistique Canada révèle que 12 % des garçons et 13 % des filles de 14 ou 15 ans ont déjà eu des relations sexuelles. 28 % des jeunes de 15 à 17 ans disent avoir déjà eu des relations sexuelles au moins une fois dans leur vie. Entre 20 et 24 ans, la proportion était de 80 %. Selon les données de Statistique Canada, 4 % des jeunes de 15 à 24 ans qui avaient eu des relations sexuelles au moins une fois ont dit avoir reçu un diagnostic de MTS (ou ce qu'on appelle maintenant des ITSS, soit des infections transmises sexuellement et par le sang). Les filles dont l'image de soi était faible à 12 ou 13 ans étaient plus susceptibles que celles qui avaient une forte estime d'elle de déclarer, dès 14 ou 15 ans, avoir déjà eu des relations sexuelles.

Vrai ou faux?

Pour t'aider à diminuer ton déficit d'information, je t'ai préparé un petit questionnaire. Si tu souhaites mesurer tes connaissances dans le domaine sexuel, réponds simplement aux affirmations suivantes par vrai ou faux. Les réponses se trouvent à la page suivante.

Questions :

1. L'anus, tout comme le vagin, peut se lubrifier pour faciliter la pénétration.

2. Il est possible de devenir enceinte lors d'une relation sexuelle, même si le pénis n'a pas pénétré à l'intérieur du vagin.

3. Il est possible pour un gars de contrôler ses éjaculations.

4. Une fille ne peut devenir enceinte pendant ses menstruations.

5. Il est impossible à l'œil nu de découvrir si l'autre a des infections transmises sexuellement.

6. Si je dis non, je risque de perdre mon chum ou ma blonde.

7. Un gars a automatiquement une érection quand une fille lui plaît.

8. Faire l'amour n'est pas quelque chose qui se discute mais qui se fait !

9. La première relation sexuelle sera magique si je suis avec la bonne personne.

Réponses :

1. L'anus, tout comme le vagin, peut se lubrifier pour faciliter la pénétration.

   VRAI.   L'anus peut se lubrifier, ce qui permet de faciliter la pénétration. Il est à noter cependant que très peu de femmes (entre 2 et 10 %, selon les experts) acceptent cette variante sexuelle. Dans les couples d'hommes homosexuels, il s'agit toutefois d'une pratique habituelle.

2. Il est possible de devenir enceinte lors d'une relation sexuelle, même si le pénis n'a pas pénétré à l'intérieur du vagin.

   VRAI.   Lorsque le gars est excité, il produit du liquide éjaculatoire qui peut se retrouver au bout du pénis (comme une petite goutte qui apparaît au bout du gland, à la sortie de l'urètre). Même si ce liquide se retrouve à l'entrée du vagin, il peut s'y glisser sans que le pénis ait dépassé cette frontière. Si ce liquide contient des spermatozoïdes (ce n'est pas toujours le cas), il y a des chances que l'ovule de la fille soit fécondé et qu'il y ait grossesse. Le gars peut donc laisser pénétrer du sperme à l'intérieur du vagin sans avoir éjaculé. Par ailleurs, si les mains ont été en contact avec le sperme, elles peuvent aussi servir de vecteurs à son introduction dans le vagin.

3. Il est possible pour un gars de contrôler ses éjaculations.

   VRAI.   J'ai déjà présenté quelques méthodes pour y parvenir : le retrait et le maintien des testicules vers le bas du scrotum. Voici une troisième méthode : la pratique ! Les jeunes garçons ont plus de difficulté à exercer leur pouvoir sur leurs orgasmes parce qu'ils ne se connaissent pas encore suffisamment. Celui qui a plus d'expérience apprend à ressentir le point d'excitation qu'il ne doit pas franchir pour maintenir un bon contrôle. Lorsqu'il arrive à ce stade, il peut ralentir ses mouvements, se retirer complètement du vagin de sa partenaire, maîtriser ses pensées de manière à pouvoir prolonger la relation et retarder son éjaculation. Pour la majorité des gars, ces quelques techniques, exercées régulièrement, leur permettront de développer l'expertise qu'ils cherchent et, ainsi, devenir plus appréciés de leur partenaire!

4. Une fille ne peut devenir enceinte pendant ses menstruations.

   FAUX.   La grossesse est possible chez la fille à partir du moment où celle-ci se trouve dans sa période d'ovulation. Celle-ci survient en général la sixième journée du cycle ou 14 jours avant les prochaines règles. Comme les cycles menstruels varient énormément d'une femme à l'autre, il est possible que l'ovulation se situe pendant les menstruations. Plusieurs médecins croient aussi à l'ovulation spontanée. En d'autres termes, il n'existe aucune période vraiment «sécuritaire» pendant le mois. Assure-toi donc d'utiliser une méthode contraceptive pendant toute la durée du cycle!

5. Il est impossible à l'œil nu de découvrir si l'autre a des infections transmises sexuellement.

   VRAI.   L'utilisation du condom est toujours recommandée. Isabelle Labrie, médecin en Centre local de services communautaires (CLSC) à Aylmer, dit à ses adolescentes qu'elles ne regretteront jamais d'avoir utilisé un condom, alors qu'à l'inverse, le fait de l'omettre peut entraîner des doutes, des remords et des surprises désagréables. Par ailleurs, elle suggère aussi aux gars de se méfier des copines qui affirment prendre la pilule. Dans une étude, 50 % des femmes qui rapportaient un usage parfait de la pilule avaient oublié un ou des comprimés... Tout cela a été prouvé par une puce électronique cachée dans le paquet de pilules.

6. Si je dis non, je risque de perdre mon chum ou ma blonde.

   VRAI et FAUX.   Si ton ami te quitte pour cette raison, c'est qu'il recherchait principalement les relations sexuelles dans votre union.

Par contre, si votre lien est sincère, il sera prêt à t'attendre. Une bonne question à te poser est la suivante: «Est-ce que mon chum/ma blonde me mérite?»

7. Un gars a automatiquement une érection quand une fille lui plaît.

FAUX. Plusieurs facteurs peuvent influencer l'érection d'un gars: la fatigue, la maladie, la peur et d'autres émotions, un traumatisme passé, etc. Une fille peut lui plaire sans que le gars ait d'érection, surtout s'il fait partie des Jetta ou des Rolls-Royce!

8. Faire l'amour n'est pas quelque chose qui se discute mais qui se fait!

FAUX. Le secret d'une belle relation intime et une façon de devenir C.E.R.T.A.I.N. est de pouvoir parler ouvertement avec l'autre de nos désirs, de nos limites et de nos besoins.

9. La première relation sexuelle sera magique si je suis avec la bonne personne.

FAUX. Désolée de te décevoir et de briser tes fantasmes. La première relation sexuelle, avec qui que ce soit, est rarement exceptionnelle: les deux amants vivent une certaine timidité à se dévoiler et à entrer dans l'intimité de l'autre, certains craignent d'avoir mal ou de ne pas «réussir» à plaire ou même à «le faire». D'autres encore se découvrent un problème de vaginisme (il s'agit de contractions douloureuses au niveau du vagin après la pénétration) ou n'arrivent pas à contrôler leur érection ou leur éjaculation. Comme toutes les premières expériences – faire du ski, parler une langue étrangère, apprendre un instrument de musique –, le plaisir croît avec l'usage et la maîtrise de son art! Or, pour parvenir à une certaine maîtrise, il faut prendre le temps de se découvrir, de se connaître soi-même et d'apprendre à apprivoiser l'autre. Il faut aussi s'exercer! Il y a donc un facteur temps. Après une première expérience, la suite reste à créer, à inventer, à construire. Si tu es C.E.R.T.A.I.N., tu mets déjà beaucoup de chances de ton côté. Malgré une première expérience plus ou moins satisfaisante, plusieurs se sentent heureux d'avoir franchi cette étape, d'avoir «cassé la glace» avec leur amoureux(se) et d'être parvenus dans le monde magique auquel l'enfant et l'adolescent aspiraient.

Encore la faute des écrans !

En Amérique du Nord, l'ado typique est exposé chaque jour à trois épisodes par heure qui impliquent des relations sexuelles spontanées, sans protection. En conséquence, ces images dans ton visuel s'installent dans ton répertoire et, après un certain temps, ça te semble normal d'avoir des relations sexuelles non protégées. Ces relations sont souvent sources d'ITSS (infections transmises sexuellement et par le sang). Parmi ces ITSS, on retrouve la chlamydia (une maladie caméléon, capable d'imiter plusieurs infections et qui peut se transformer en bombe à retardement et dégénérer en infertilité), le papillomavirus humain (ou VPH), qui peut donner des verrues génitales, différentes sortes de virus de l'herpès et la gonorrhée. Ces problèmes peuvent entraîner des douleurs génitales comme des démangeaisons, une sensation de brûlure, des cloques ainsi que des symptômes plus sérieux comme la stérilité, l'infertilité. Ils peuvent même présenter des risques pour la vie de l'individu.

Formules gagnantes

Plusieurs ados que j'ai rencontrés ont regretté leur première relation sexuelle. Comme ils ne savaient pas trop comment dire non – surtout si leur partenaire était beaucoup plus âgé et expérimenté –, ils se sont laissé convaincre par les demandes insistantes et garderont l'événement en mémoire toute leur vie.

Je te propose donc des formules à utiliser si jamais la même situation se présente à toi:

« Je t'aime bien, mais je ne suis pas du tout prêt à vivre cette expérience avec toi. »

« Merci de respecter mon refus (ou mon opinion) sans insister. »

« J'ai une règle à laquelle je tiens énormément: jamais avant que je me sente vraiment prêt. Ce soir, je ne suis pas prêt. »

« Je ne suis pas intéressé à vivre cette expérience avec toi pour le moment. »

« Je n'aime pas être forcé, surtout pour ce genre d'expérience. » « C'est non. Merci de me comprendre et de ne plus insister. »

« Je n'aime pas quand quelqu'un essaie de m'humilier simplement parce que je ne suis pas d'accord avec lui. »

« Es-tu malade? Oublie ça! »

« Ce que je recherche, c'est d'abord quelqu'un qui pense comme moi. Actuellement, on n'est pas du tout sur la même longueur d'onde. »

« Il n'en est pas question. »

«Non est une phrase complète.»

«J'aime bien être libre de mes choix sans me sentir forcé.»

Attends-toi à ce que l'autre insiste. Répète simplement toujours le même argument; il deviendra rapidement à court de répliques. Cependant, assure-toi aussi que ton non-verbal soit congruent avec tes paroles. Si tu dis non mais que tu continues à l'embrasser ou à le caresser, le visuel va l'emporter, tes paroles ne seront plus crédibles!

Conclusion

Les relations sexuelles exercent un grand pouvoir de fascination. Tu n'as qu'à ouvrir la télévision ou à regarder un kiosque à revues pour t'en rendre compte. Sache par contre que le partage de ton intimité peut aussi te coûter très cher et avoir des conséquences sur l'ensemble de ton développement personnel. Alors si tu rencontres un bel ADOnis ou une ADOrable fille, rappelle-toi qu'il vaut mieux avoir des désirs que des regrets.

Exercice adlérien (la suite)

Alors, as-tu complété l'exercice adlérien à la page 81 ? Sinon, fais-le maintenant ; je t'assure que ça en vaut la peine.

Alfred Adler, grand psychanalyste du début du XXe siècle, disait que l'animal qu'on aimerait incarner dans une prochaine vie reflète ce qu'il nous manque le plus dans l'actuelle. Alors, ma recommandation est la suivante : que dirais-tu de mettre plus de dauphin, de cheval ou de chat dans ta vie actuelle plutôt que d'attendre une prochaine vie ?

Conclusion de la première partie

Pour ta curiosité intellectuelle, une conclusion de fin de section, en bonne et due forme, doit :

1. faire une synthèse des éléments importants du texte de la section ;

2. offrir un aperçu des éléments à venir dans la prochaine section ;

3. être brève, sans pour autant devenir inintéressante.

Voyons voir comment je me débrouille dans les conclusions de fin de section.

Depuis que tu as reçu du courrier de «Postes Canada», tu n'es plus le même ! On se demande si le message provenait d'un grand magasin à rayons ou de ton ami Asafa ! Tout ce qu'on sait, c'est que depuis, tu écoutes juste ton mental, tu brasses ton Pepsi régulièrement, tu souffres du déficit d'information, ton *dimmer* est souvent au «boutte» et tu utilises à fond ton abonnement aux montagnes russes. TANTO tu prends tes distances et TROTO tu t'évapores ! Aurais-tu besoin d'un vaccin par hasard ? Un p'tit voyage en Afrique du Sud en Lada pour régler ça, ça te dirait ? ☺

Avant de partir, toutefois, note que la prochaine section risque de t'apporter des solutions efficaces à tous ces mots et ces maux. Il te faudra par contre devenir un pro, arrêter d'être PD, remplir tes armoires et construire ton équipe de rêve ! De quoi te provoquer une hypertrophie du préfrontal !

Alors, trouves-tu que je me suis bien débrouillée dans ma conclusion de première partie ? À toi de donner les notes, cette fois ! ___ / 10.

Devenir
son propre chef

OK. Avant de commencer à lire cette deuxième partie, relève tes manches, prends une bonne respiration et prépare-toi à passer à l'action! On s'attaque à la deuxième tâche de l'adolescence: celle de devenir ton propre chef, sans PFET ni PFEP (tu te souviens des prothèses frontales externes temporaires et permanentes?). En fait, tu dois même te préparer à devenir toi aussi très bientôt une prothèse frontale pour les autres!

Observe bien l'illustration de la page suivante: il y a quatre portes autour de la maison; l'une est barricadée, l'autre, en métal, est verrouillée, une autre est fermée à clé également mais possède une fenêtre. Tu pourrais briser la fenêtre pour entrer! Bien sûr c'est illégal mais, au moins, ça te permettrait d'accéder à l'intérieur plus rapidement. Finalement, il y a les grandes portes ouvertes où il est inscrit: «Bienvenue! Entrez!» Mais elles sont en haut d'un long escalier. Si tu souhaites pénétrer dans cette maison, quelle porte choisis-tu?

Cette maison peut représenter tes rêves, ce que tu souhaites faire de ta vie. À l'adolescence, non seulement tu subis une foule de changements dans ton corps, dans ton MEC, dans ta vie sociale et dans ta vie sexuelle, mais tu dois aussi apprendre à connaître le «nouveau toi» et acquérir toutes les habiletés pour devenir une personne pleinement autonome. En somme, tu dois «entrer» dans le monde adulte. Devenir adulte n'est pas tant une question d'âge qu'une question de maturité; cela implique de choisir une profession, de développer les connaissances et moyens nécessaires pour assumer tes propres besoins (et ceux d'une famille éventuelle), de choisir ton mode de vie et, idéalement, de réaliser tes rêves.

Pour accéder à ce résultat, il y a plusieurs portes possibles. Tu peux, par exemple, gagner beaucoup d'argent rapidement en vendant de la drogue : ça te permettrait de payer un appartement, d'avoir de l'argent pour répondre à tes besoins sur le plan matériel, mais c'est une porte illégale. Tu ne seras jamais le bienvenu dans le monde des adultes avec cette stratégie et, en tout temps, tu risques d'être expulsé de la maison, donc de tes rêves.

Devenir son propre chef

La grande porte en haut de l'escalier est la seule qui fait en sorte que tu seras toujours à l'aise et en sécurité avec, en prime, un grand sentiment de fierté. Même les autres t'envieront et te féliciteront d'y être parvenu. Mais il y a beaucoup d'efforts à faire pour y parvenir et il faut s'accorder le temps nécessaire !

Si cette grande porte t'intéresse pour atteindre des objectifs durables, j'ai quelques petits trucs qui pourraient te faciliter le parcours.

Permets-moi d'abord de te poser une question : quand tu as un devoir de maths à faire, quelle est la première chose que tu fais après avoir ouvert ton livre ? Tu dois lire la question, n'est-ce pas ?

C'est donc par là qu'on va commencer aussi. Pour faire ton devoir d'ado, tu dois d'abord comprendre le sens de ce que tu as à faire avant de te mettre au travail. Si tu travaillais quatre heures sur ton devoir de maths sans répondre vraiment à la question, penses-tu que tu aurais une bonne note ? C'est évident que non ! Je veux t'éviter de perdre du temps en clarifiant exactement ce que tu as à faire dans ton devoir d'ado ; ça t'évitera de te river à de mauvais résultats. Ton premier objectif : devenir proactif au lieu de demeurer passif ou réactif. Si ça t'intéresse, tu trouveras l'information au chapitre 6.

Aux chapitres 7, 8 et 9, chaque page t'offre des passe-partout qui ouvrent toutes les portes… légales. Je ne veux pas vendre la mèche, mais tu liras entre autres sur la manière de ne pas devenir un PD (ce n'est pas ce que tu crois !). Quelles sont les deux habiletés les plus importantes à maîtriser à l'adolescence ? La réponse est au chapitre 8. Finalement, si les recettes de Bill Gates pour te constituer une bonne équipe t'intéressent, je t'offre l'info au chapitre 9. J'y aborderai également la manière de passer du Big Bang au Big Gang ! À + !

Passif, réactif ou proactif?

Chapitre 6

Prêt pour ton devoir d'ado? Avant de foncer vers l'avenir, regardons d'abord un peu d'où tu viens; ça t'aidera à mieux saisir le chemin que tu as parcouru jusqu'ici et à te situer sur la route qu'il te reste à sillonner.

Passif, réactif ou proactif?

Quelle que soit la personne, elle se trouve en général dans l'un de ces trois stades: passif, réactif ou proactif. Voyons ce que chacun signifie.

Le passif

Le passif est celui qui sent qu'il ne peut rien faire pour améliorer son sort; il laisse les autres ou le temps agir pour lui. Les bébés se situent à ce stade; pour tout ce qui implique leur survie, ils sont entièrement dépendants des autres. Ils crient pour signaler leurs besoins, mais ils sont incapables de les assumer. Ils attendent que les autres fassent les choses à leur place. Il ne leur vient pas à l'idée de se faire un sandwich quand ils ont faim ou de se lever pour aller à la toilette. Le passif n'a pas ce genre de réflexe ; il se sent complètement impuissant, incapable de prendre quelque responsabilité que ce soit. Quand un enfant a deux jours ou deux mois, ça se comprend. Mais quand la personne a 50 ans, ça se tolère un peu moins bien !

Tu es donc né passif, toi aussi, comme tout le monde. Tu as connu une phase où tu attendais que les choses soient faites par les autres ou qu'elles se tassent d'elles-mêmes, une période où tu sentais que tu n'avais aucun pouvoir sur ce qui t'arrivait ou pas. Certaines personnes stagnent à cette étape de leur développement. D'autres y retournent régulièrement, surtout lorsqu'ils ont à affronter une grande difficulté ; ils ne font rien, pensant qu'ils n'ont aucun pouvoir, et attendent que la difficulté se dissipe… ce qui est rarement le cas ! As-tu déjà vu une poubelle bourrée de pourritures se transformer miraculeusement en bouquet de fleurs d'un parfum exquis ?

Peut-être t'arrive-t-il à toi aussi de régresser vers le passif quand tu fais face à un problème. Par exemple, au lieu de régler un conflit avec un ami, tu choisis d'attendre que l'autre fasse les premiers pas. Au lieu de ramasser ta chambre, tu « vedges » sur ton lit. Entre faire tes devoirs et clavarder dans le Net, l'option qui exige le moins d'efforts l'emporte. Tu vois, il te reste encore quelques vestiges de cette période. C'est normal ! Mais sache que la force du passif est celle qui procure le moins de satisfaction. C'est la plus immature.

Test du microscope social

La théorie sur les stades passif, réactif et proactif procure une façon de te connaître, mais aussi une bonne manière de mieux comprendre les personnes qui t'entourent. Voici un premier test pour analyser tes relations sociales.

Connais-tu des gens passifs dans ton entourage? Comment se sentent-ils? Comment se déroule leur vie en général? Si tu prends la peine de répondre à ces questions, tu réaliseras que plus une personne est passive, plus elle est malheureuse et dépendante. Elle a besoin des autres pour assumer sa subsistance et très peu de personnes aiment la côtoyer. C'est le sort réservé à tous ceux qui font le choix de demeurer passifs.

Manifestations du passif

La personne passive choisit toujours la facilité; elle laisse les autres décider à sa place, préfère regarder la télé plutôt que d'aller faire du sport, n'a aucun projet concret devant elle, se plaint souvent qu'elle est incapable de faire... de dire... d'être... Elle ne voit pas non plus comment elle pourrait changer quoi que ce soit à sa vie misérable. On l'entend souvent utiliser des expressions du genre: «Qu'est-ce que tu veux que je fasse! J'ai pas le choix!», «J'serai jamais capable de...», «Un jour...», «Ouais, OK, plus tard...», «C'est pas d'ma faute!».

Devenir son propre chef

Welcome to my life

Do you ever feel like breaking clown?
Do you ever feel out of place?
Like somehow you just don't belong
And no one understands you
Do you ever wanna run away?
Do you lock yourself in your room?
With the radio on turned up so loud
And no one hears you screaming
No you don't know what it's like
When nothing feels alright
You don't know what it's like
To be like me...

Simple Plan (2004)

Super toune! Tu la connais? Plusieurs ados s'y reconnaissent quand ils l'écoutent; ils la savent même par cœur.

Malheureusement, elle présente seulement le problème et n'offre aucune solution. C'est aussi ce que les passifs se plaisent à faire: ils retournent intérieurement leurs problèmes dans toutes les directions, se sentent isolés, victimes de leur sort; ils ont l'impression que personne ne les comprend, que leur vie est misérable. Ils aiment montrer qu'ils sont malheureux et qu'ils souffrent. D'autres encore racontent tous leurs problèmes à qui veut les entendre. (Certains en font même des CD qui deviennent très populaires!)

Ces inductions répétitives entraînent cependant un sentiment de déprime, un isolement par rapport aux autres personnes qui peuvent nous aider et elles nourrissent l'état de passivité. Tout comme il est difficile d'arrêter une grosse roche une fois qu'elle a commencé à dévaler une falaise, il est très difficile d'intercepter toutes les conséquences qui s'enchaînent quand on choisit de rester dans les plaintes et la victimisation. C'est bien qu'on nomme un problème, qu'on soit à l'écoute de nos émotions, mais c'est encore mieux quand on s'affaire à trouver des solutions plutôt que de demeurer passifs et d'attendre que la planète change pour commencer à être heureux !

Le réactif

La majorité des enfants passent de passifs à réactifs, c'est-à-dire qu'ils commencent à se mettre en action à la suite des demandes extérieures. Soit ils réagissent aux consignes de leurs parents («Dis bonjour à la dame», «Donne un beau bec à papa», «Ouvre la bouche, AAAAH»), soit ils réagissent aux choses autour d'eux (comme ils veulent saisir des jouets ou satisfaire leur curiosité par rapport à un objet qu'ils aperçoivent, ils se mettent en mouvement pour atteindre leurs objectifs). Ce sont donc alors ces objets de convoitise qui deviennent le moteur de leurs actions.

Cette situation est habituelle chez les enfants. N'ayant pas suffisamment d'expérience pour diriger leur propre vie, ils répondent aux directives de leurs parents. C'est aussi l'étape normale pour la majorité des adolescents. Les directives des parents ont toutefois quelque peu changé : «Ramasse ta chambre», «Pourrais-tu fermer la télévision et venir m'aider ?».

«Si tu ne pratiques pas ton violon, tu ne seras jamais prêt pour ton concert !» Les objets qui suscitent le désir sont également différents :

on veut le nouveau iPod, le dernier jeu vidéo, l'ordi le plus performant, les vêtements signés.

* *

Discours du réactif

«Il m'a mis en colère.» «C'est de sa faute.» «Il m'a fait peur.» «C'est sûr que j'ai coulé mon examen, le prof était trop sévère!» «C'est lui qui a commencé!» En d'autres termes, dans le fond de lui-même, le réactif est persuadé que ce sont les autres qui ont du pouvoir sur lui. Il se centre sur l'extérieur et non sur son intérieur. Il n'essaie pas de se changer lui-même.

* *

Il a été dit que la ligne entre l'enfance et le monde adulte est tracée lorsqu'on passe de «ce n'est pas ma faute» à «quel est mon rôle dans ce problème?».

Les demandes proviennent aussi des amis! Peux-tu penser à une proposition d'un ami que tu as acceptée dernièrement et qui, finalement, ne te plaisait pas tant que ça? Tu as probablement accepté pour ne pas le perdre ou parce que tu ne savais pas trop comment dire non, n'est-ce pas? Ou encore t'est-il arrivé d'être dans MSN et d'y passer beaucoup plus de temps que tu l'aurais souhaité? C'est très facile de trouver des exemples de manifestations réactives où on se retrouve à faire des choses commandées par les autres ou par ce qui nous entoure.

Le prototype du réactif

Devenir son propre chef

Les réactifs ne sont tout simplement pas à l'écoute d'eux-mêmes ; leur centre d'intérêt est à l'extérieur, sur les autres ou sur les choses qu'ils rencontrent. Ils veulent plaire, ils veulent être aimés et ils sont prêts à tout pour atteindre cet objectif. Ils se concentrent sur ce qui bouge et sur ce qui attire leur attention plutôt que sur ce qu'ils ont à faire.

Encore ici, le réactif n'est pas la force qui t'apportera le plus de satisfaction. Tu auras ton nouveau iPod, tes amis t'adoreront parce que tu fais tout ce qu'ils te demandent, mais tu seras insatisfait parce que tu n'auras pas encore touché à la question essentielle : MOI, qu'est-ce que je veux faire, être, devenir, réussir, vivre ? Pour répondre à ces questions, il faut accepter d'assumer ta différence et risquer que ta façon

d'être ne plaise pas à ceux qui t'entourent. Très peu de personnes ont le courage d'afficher leur vraie personnalité, ils demeurent au stade réactif toute leur vie et ils répondent aux exigences des autres perpétuellement.

Jusqu'à la fin de l'adolescence, ça va. Comme l'enfant et l'ado ne peuvent assumer entièrement leur subsistance, ils demeurent dépendants de leurs parents et doivent donc répondre aux demandes de leurs pourvoyeurs. C'est normal. De plus, étant en plein développement, les enfants et les ados reçoivent également des requêtes de la part de l'école; la majorité des jeunes sont donc réactifs également dans cette dimension de leur vie. Par ailleurs, à cause du Big Bang et de son instabilité, l'ado cherche la sécurité du côté de ses amis et il essaie de correspondre aux modèles de réussite que ces derniers valorisent. Cependant, il est important de réaliser qu'en agissant ainsi, ce sont encore les autres qui tiennent la télécommande de ta vie et appuient sur les boutons pour obtenir ce qu'ils veulent de toi ! Si tu te trouves toujours à ce stade à 50 ans et que ce sont les autres qui décident de tes actions plutôt que toi-même, ce sera un échec.

Réactif compulsif

Les réactifs peuvent parfois devenir – disons-le – ridicules ! Voici un exemple. Un type est en train de se construire un cabanon. En frappant avec son marteau, il manque le clou et se blesse au doigt. La première fois, il arrive à se contrôler, mais son mental a vraiment le goût de dire (ou plutôt de crier) son mot ! Armé de sa colère, le type reprend son travail, tient le clou en question et frappe plus fort, mais il manque le clou de nouveau et se blesse encore le doigt ! Il se met alors à gueuler contre le marteau, le lance au fond de la pièce et insulte Dieu au passage.

Comme si c'était leur faute! Connais-tu des gens qui se mettent en colère contre la clé qui n'ouvre pas la bonne porte ou le feu de circulation qui a changé trop vite ou la météo qui n'offre pas les meilleures prédictions? Commences-tu à réaliser l'ampleur de l'épidémie de réactivité sur cette planète?

● ● ● ● ● ●

Test 2 du microscope social

As-tu des amis réactifs, qui se laissent entraîner par les demandes extérieures plutôt que de poursuivre leurs propres objectifs? Le fait d'éclabousser son Pepsi sur les autres est une autre habitude du réactif, tout comme l'est celle de se comparer sans cesse aux autres. Peux-tu identifier des personnes dans ton entourage qui ont tendance à se laisser aller à ce genre de pensée ou de comportement? Comment se sentent-elles? Est-ce que les jeunes qui ont tous les derniers gadgets présentés dans les publicités sont réellement plus heureux que les autres? Quels sont les comportements réactifs que tu as tendance à répéter le plus souvent? Est-ce par rapport à tes amis, tes parents, certains objets (comme l'ordi), tes profs?

MSN

Quelle est à ton avis la signification exacte de MSN?

Matin et Soir sur le Net

Moyen Simple de Niaiser

Messages Sans Nom

Maîtrise de Soi Négligeable

Memering Stérile et Nuisible

Monotonie Sociale Normale
(à tout le moins de nos jours!)

Mélancolique Sexuellement Négligé

Messages Superficiels et Nébuleux

Mortels Souffrant de Névrose

Moyen Sensationnel de Négociation

Mystère Sérieux de la Nature

Méga Service pour Novices

Membre de la Secte des Nonchalants

Manière de S'admirer le Nombril

Machine Sacrée pour les Non-proactifs

Merveille pour Stimuler les Neurones

La véritable signification est Microsoft Network.

Loin d'être réactif!

Un jeune dessinateur avait soumis des épreuves à un employeur éventuel. Après avoir évalué le tout, on lui avait suggéré de changer de profession parce qu'on jugeait qu'il n'avait aucun talent dans le domaine. «Tu ne gagneras jamais bien ta vie si tu restes dans ce métier!» Le jeune homme n'a pas accepté cette recommandation. Au contraire, il s'est mis à investir davantage dans son art en étudiant et en s'exerçant sans relâche pour devenir meilleur. La route n'a pas toujours été facile mais, aujourd'hui, les œuvres de Walt Disney sont reconnues partout dans le monde.

Le proactif

Contrairement aux deux premiers stades, celui de proactif n'est pas automatique dans notre évolution. Plusieurs n'y parviennent même jamais. Certaines personnes stagnent à l'étape du passif, une majorité demeure au niveau réactif et très peu possèdent le courage et les connaissances requises pour atteindre le proactif.

Le proactif comprend et accepte qu'il est unique. Par conséquent, sa façon d'être, ses buts et ses désirs diffèrent de ceux des autres. Une de ses motivations importantes est d'apprendre à mieux se connaître et à trouver des façons d'utiliser et de développer son plein potentiel. Le proactif crée lui-même des objectifs pour rendre sa vie intéressante, riche et agréable. Il n'a plus besoin de l'approbation des autres et n'hésite pas à poursuivre ses ambitions, même si cela implique d'être moins populaire auprès des personnes qui l'entourent. Les efforts et les problèmes ne lui font pas peur. Au contraire, il les voit comme des occasions de prendre de l'expérience et de se renforcer. Il ne compte pas sur les autres non plus pour régler ses difficultés, assumer ses tâches ou répondre à ses besoins. Il assume la pleine responsabilité de ce qui lui revient, travaille pour obtenir ce qu'il souhaite et fait confiance à ses propres forces pour assouvir ses désirs.

Avant de parvenir à cette pleine autonomie, toutefois, chaque personne traverse un stade intermédiaire: le proactif junior.

Le proactif junior exerce tous les pouvoirs mentionnés ci-dessus, mais dans une seule partie de sa vie et pendant de courtes périodes. Par exemple, il peut être très proactif et autonome dans ses travaux scolaires, étant toujours à l'avance dans ses devoirs en donnant le meilleur de lui-même dans chacun d'eux. Par contre, il peut lui arriver à l'occasion d'oublier des choses ou d'avoir besoin de ses parents pour le ramener à l'ordre. De plus, il se pourrait qu'il demeure réactif avec ses amis ou dans sa manière de gérer son argent. En d'autres termes, il pourrait être encore très influencé par les autres dans cette sphère de sa vie.

De proactif junior, certains évoluent vers le stade le plus évolué: celui du proactif senior. Ce dernier choisit ce qu'il souhaite faire de sa vie plutôt que de se fier au temps, au hasard ou aux autres. Il planifie son temps, sait s'accorder des moments de repos et de loisir, mais donne également son maximum dans tout ce qu'il choisit de faire. C'est une personne qui attire la confiance; les autres sont portés à lui confier des responsabilités souvent plus importantes qu'à d'autres. Il obtient le respect et même l'admiration des gens qui l'entourent. Plusieurs sont toutefois jaloux de sa discipline et de sa persévérance.

Le prototype du proactif

En pensant et en agissant ainsi, le proactif senior développe une bonne confiance en lui et se crée des objectifs ambitieux, bien supérieurs à ceux de la moyenne des gens. Il se démarque donc non seulement sur le plan de ses réussites, mais également sur celui de sa conscience des autres et du monde en général. Ses intérêts dépassent ses propres besoins personnels; il est attentif aux autres et ne blesse jamais personne délibérément. Il investit régulièrement du temps pour aider les gens dans le besoin et fait également des efforts pour protéger l'environnement. Une bonne façon de dépeindre le proactif senior est de le voir comme le capitaine de son propre navire plutôt que comme le passager dans le bateau de quelqu'un d'autre. Il choisit ses destinations. De plus, il ne perd pas son temps à essayer de changer les choses qu'il ne peut pas changer; il investit plutôt son énergie dans ce qu'il peut contrôler.

Test 3 du microscope social

Troisième et dernier regard dans le microscope social. Connais-tu des gens proactifs? Ils sont beaucoup plus difficiles à trouver, surtout les proactifs seniors! Pourrais-tu identifier des personnages fictifs d'une série télévisée ou d'un film que tu as vus qui appartiendraient à cette catégorie? Comment trouves-tu ces personnes? En général, ils sont des héros et des modèles pour les autres, tu ne trouves pas?

Dis-moi c'est quoi ta «toune» ...

Je t'invite à faire le tour des chansons que tu écoutes le plus souvent. Essaie de voir quelle catégorie elles représentent: passif, réactif ou proactif. Si tu écoutes ces «tounes» en te les repassant intérieurement assez souvent, il y a de bonnes chances qu'elles conditionnent ta façon de vivre et de penser. Ça vaut bien quelques minutes de réflexion!

Microscope personnel

Je sais que ça ne te plaira peut-être pas mais, sincèrement, si tu n'es pas pleinement heureux actuellement et si tu veux améliorer ta situation, arrête d'être passif. Concentre tes efforts sur les parties de ta vie que tu peux contrôler (en commençant par ton mental!). Je sais, tu te dis peut-être que c'est impossible parce que tes parents sont hypercontrôlants, que tu n'es pas très populaire à l'école, que tu n'as pas assez d'argent, qu'il vient de te sortir un nouveau bouton et que tes résultats scolaires sont pourris. Je te mets au défi de choisir une action qui améliorera ta vie dans les 24 prochaines heures. Mets ton plan à exécution. Le résultat doit viser l'augmentation de ton bien-être et ta confiance en toi-même.

À ton tour d'être examiné au microscope! Commence par regarder chacun des départements de ta vie et indique où ils se situent sur la cible de proaction de la page suivante. Tu peux aussi te faire aider par des personnes (avec un préfrontal complet!) plus objectives et, ainsi, réussir à obtenir un portrait plus fidèle de ta situation actuelle.

Un peu comme dans un jeu de dards, plus tes actions atteignent le centre, plus elles valent des points. N'est-il pas vrai que ce qui se retrouve actuellement dans le cercle proactif junior t'apporte beaucoup plus de satisfaction que ce qui se situe dans le passif? En conséquence, si tu as été proactif (et que tu as fait l'exercice précédent), tu peux clairement voir quels aspects de ta vie tu dois «relancer» pour augmenter ton pointage, et donc ton mieux-être! Il ne s'agit pas simplement de réessayer; il faut apprendre à devenir plus proactif dans ces différents départements. Comme je te l'ai déjà mentionné, ces connaissances ne sont pas innées. Il te faut vraiment les acquérir. Les prochains chapitres te seront très utiles pour apprendre à viser plus juste et à développer l'expertise dont tu as besoin pour devenir un gagnant à ta cible de proaction personnelle!

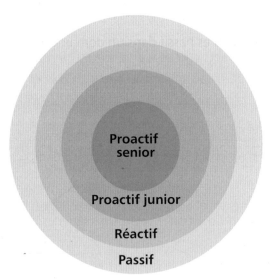

Départements de ta vie

- École (français, maths, etc.)
- Famille (parents, frères et sœurs, cousins, etc.)
- Amis
- Sport
- Travaux ménagers
- Devoirs et leçons
- Nourriture
- Argent
- Loisirs
- Amours
- Rêves que tu nourris
- Etc.

« Être proactif, c'est choisir les attitudes,
les actions et les réactions qui détermineront
notre qualité de vie dans le futur. »
Michael Josephso

Lois de la cible de proaction

La cible de proaction répond à quatre lois.

1. La première, tu la connais déjà : plus tu te situes au centre de la cible, plus tu es heureux, plus ton estime personnelle est solide. Plus tes actions proviennent de l'influence des cercles extérieurs (passif, réactif), plus tu as des problèmes et plus tu as besoin des services de PFET (prothèses frontales externes temporaires).

2. Tous les cercles représentent des étapes hiérarchiques. L'évolution d'une personne se fait donc d'un cercle à l'autre. Impossible de sauter des étapes. Si tu es passif dans un domaine, la prochaine étape que tu peux souhaiter atteindre est celle du réactif : tu auras donc besoin de quelqu'un pour te guider. Si tu es réactif à l'école, ton prochain objectif sera dès lors de devenir proactif junior.

3. Chaque personne se promène en général dans trois sphères conjointes simultanément. Par exemple, si tu es passif, ne serait-ce que dans un seul département de ta vie, tu es au mieux proactif junior dans un autre. Si tu es proactif senior, tu n'es jamais passif. Il peut toutefois t'arriver de régresser au stade réactif, mais tu auras alors tendance à te repositionner rapidement vers le proactif (en t'excusant ou en nettoyant ton Pepsi éclaboussé !).

4. Ces cercles peuvent aussi t'être utiles pour analyser ton réseau d'amis. En général, les personnes que tu choisis se trouvent dans le même cercle que toi. Si, par exemple, ton épicentre est dans le réactif (soit là où tu te situes la plupart du temps), tu auras tendance à chercher

des amis qui se trouvent également dans ce stade. Au pire, tu choisiras des gens dans le cercle voisin.

Si tu fréquentes un ami qui se situe dans un stade au-dessous du tien (par exemple, il est passif et toi, tu es réactif), il est possible que tu l'aies choisi pour te valoriser, pour te sentir plus fort ou plus valable en l'aidant constamment. Si tu as choisi une personne dans le cercle qui se trouve plus au centre, c'est très bon signe : elle t'aidera à avancer plus rapidement, à condition que tu choisisses «proactivement» d'adopter et d'adapter certaines de ses façons de faire et de penser.

Cette loi dit aussi que nous évitons les personnes à plus de deux cercles de notre position. Par exemple, un proactif junior n'aura aucun plaisir à être avec un passif (et vice-versa !). Un proactif senior ne fera pas bon ménage avec un réactif. Par conséquent, les personnes à deux cercles de toi ne deviennent pas des élues de ton réseau. Il est toutefois quand même possible que tu te retrouves avec elles par un concours de circonstances (ce sont tes parents, tes grands-parents, ton voisin de casier, un coéquipier dans un travail à l'école, etc.).

Carnet de bord

Que dirais-tu d'écrire les points forts et les changements que tu vis au fil des semaines et des mois et de te relire de temps à autre ? Comme tu changes rapidement, cette feuille de route te permettrait de voir à quel point ta vision des choses se transforme. Tu pourrais ainsi garder une trace de l'une des périodes les plus importantes de ta vie. Chose certaine, tu ne revivras plus jamais rien de tel !

Devenir son propre chef

Passif, réactif et proactif : ça rime à quoi ?

Le passif se détruit et ramollit.
Le réactif réagit et suit ses amis.
Le proactif choisit et réussit.

Le passif devient blasé et s'écrase.
Le réactif casse et ramasse.
Le proactif se dépasse jusqu'à l'extase.

Le passif fait pitié.
Le réactif n'aime pas se faire écœurer.
Le proactif sait se contrôler.

Le passif se sent victime.
Le réactif mime.
Le proactif représente le modèle ultime.

Le passif pense que la vie est trop difficile.
Le réactif pense que plaire aux autres est la recette facile.
Le proactif pense à des stratégies subtiles !

PROcédures et PROpos PROpres aux PROactifs

Les PROactifs établissent toujours des PROjets PROfitables. Au lieu de PROmesses vides, ils PROcèdent à la création de leur PROpre PROgramme, PROpice à rendre leur vie PROspère. Ils ne PROtestent pas quand les heures de travail doivent se PROlonger. Ils PRÔnent l'action et sont des PROtotypes de PROductivité. Ce sont des individus qui PROlifèrent et PROgressent dans leur PROfession. Sans être nécessairement des PROdiges, ils sont souvent PROpulsés vers les PROmontoires, mais ils ne sont pas accros des PROjecteurs. Ils savent toutefois garder des PROportions dans les différentes sphères de leur vie et sont toujours modestes dans leurs PROpos. Ce sont des personnes ouvertes aux PROfesseurs qu'ils rencontrent et ne PROhibent aucune leçon valable. Ils gèrent efficacement leurs PROblèmes et ne cèdent pas facilement aux PROvocations. Leur PROfil PROéminent leur permet de se PROtéger contre les PROtestations.

Mon PROnostic? Je crois PROfondément qu'ils servent de PROthèse frontale PROvisoire aux autres parce qu'ils affichent un PROfil de gagnant. De plus, il y a de fortes PRObabilités pour que leur PROgéniture PROspère autant qu'eux puisqu'elle PROvient de PROactifs qui PROpagent ce mode de vie.

Proactif ≠ hyperactif

Contrairement à ce que certains peuvent croire, le proactif n'est pas nécessairement toujours dans l'action. Les personnes qui n'ont jamais de répit se retrouvent souvent malades ou stressées ; ce n'est pas le cas du proactif. Ce dernier se distingue au contraire par l'équilibre qu'il réussit à établir entre développer son plein potentiel, donner le meilleur de lui-même dans son travail, nourrir ses relations amicales et familiales et s'accorder des moments de repos et de loisir. Il sait tenir compte de son niveau d'énergie et fait toujours passer les priorités en premier.

Comment devenir proactif ?

Pour devenir ton propre chef, ton propre maître, tu dois devenir proactif, idéalement senior, et limiter ton temps dans les autres cercles.

Devenir proactif suppose cependant quatre conditions :

1. Comprendre les automatismes de survie.
Tous les habitants de cette planète, incluant l'être humain, sont programmés pour répondre aux principes d'économie et de facilité, c'est-à-dire que nous recherchons toujours – et c'est un automatisme – les solutions qui exigent le moins d'efforts. Par exemple, si ton cerveau a besoin de glucose, il n'ira pas le chercher dans tes orteils ; il prendra la molécule la plus proche possible. Si tu avales du sucre et du gras, ton corps prendra ses énergie dans l'aliment qui se digère le plus rapidement, soit le sucre. Le gras sera stocké ! De même, tout ton système cherche les solutions les plus faciles et les plus économiques. En d'autres termes, ton programme de base tend à te rendre passif ! Encore ici, il faut parfois aller à l'encontre de notre nature si on veut évoluer. Je t'en parle davantage dans le prochain chapitre.

2. Se connaître.

Les personnes qui ne se connaissent pas suffisamment sont portées à faire des choses «comme les autres». Celles qui se connaissent bien respectent tout simplement qui elles sont. Connaître ses talents nous évite bien des détours et nous incite à les utiliser. On verra cela dans la deuxième partie du prochain chapitre également.

3. Acquérir des habiletés personnelles.

Si tu as un cancer, qui seras-tu porté à consulter? Si c'est ton ordinateur qui te crée des problèmes, qui iras-tu voir? Dans toute situation où tu n'as pas les compétences, tu tendras à devenir passif ou réactif et à attendre que les autres règlent ton problème. Là où tu possèdes des connaissances, tu deviendras beaucoup plus facilement proactif. Admettons, par exemple, que tu voyages aux États-Unis avec tes parents et que tu es le seul à te débrouiller en anglais, qui sera le plus proactif du groupe? Être proactif implique donc d'acquérir des connaissances et des habiletés. On ne peut pas tout connaître, mais certaines de ces aptitudes sont plus importantes. C'est le sujet du chapitre 8.

4. Acquérir des habiletés sociales.

Même si le proactif possède plusieurs cordes à son arc, il est quand même voué à établir des relations avec les autres (que ce soit à l'école, au travail, avec sa famille, ses amis, bref, dans toutes les sphères de sa vie). Pour retirer le maximum de ces échanges, il est indispensable qu'il possède de bonnes bases relationnelles. Au chapitre 9, je t'invite à suivre les traces de Bill Gates pour te constituer une équipe gagnante. Tu apprendras aussi quels sont les différents savoirs pour vivre des relations sociales vraiment super. Entre autres, tu verras comment faire dire oui à tes parents!

Suggestions proactives

Dénonce les préjugés quand tu entends des adultes parler en mal des ados (ou d'autres personnes).

- Démarre un groupe de discussion sur l'heure du midi.

- Organise un concert-bénéfice avec des personnes talentueuses de ton école pour amasser des fonds pour une bonne cause ou pour un voyage de groupe (c'est quand même mieux que de vendre du chocolat!).

- Une excellente façon d'apprendre, c'est d'enseigner! Prépare une présentation, un séminaire, une conférence sur un sujet où tu souhaites développer une expertise, annonce-la et présente-la!

- Lance une coop de gardiennage. Comme les ados de l'école proviennent de plusieurs secteurs, vous pourrez offrir un service sur un grand territoire!

- Communique avec des personnes à l'autre bout de la planète par le Net. Qui sait, peut-être deviendrez-vous de grands amis et peut-être vous rencontrerez-vous un jour?

Aurais-tu d'autres suggestions?

Conclusion

Devenir proactif senior n'est pas une question d'âge ou de temps; c'est surtout une question de vouloir et de pouvoir. Le vouloir, il est disponible quand tu le choisis; il faut seulement que tu sois convaincu que c'est véritablement la meilleure option pour devenir le chef de ta vie et celle qui offre le plus grand bien-être, la liberté et la satisfaction. Le pouvoir vient par l'acquisition des connaissances mentionnées ci-dessus.

En terminant, j'ai une petite question pour toi. À ton avis, pourquoi les proactifs seniors sont-ils minoritaires sur cette planète? Parce que la majorité des humains sont des PD! Attention, ce n'est pas ce que tu penses. Si tu veux découvrir une autre signification de PD, rends-toi au chapitre 7! Ça tombe bien, c'est le prochain!

Les automatismes de survie du forfait de base

Si jamais je voyais un objet lourd et dangereux se diriger vers ta tête alors que tu as le dos tourné, aimerais-tu que je t'en informe ? Préférerais-tu que je le laisse te frapper ? J'anticipe ta réponse : tu voudrais le savoir à l'avance pour prévenir le coup, n'est-ce pas ? Probablement. Eh bien, je dois te prévenir ! Je vois un gros danger venir dans ta direction, qui peut même avoir de grandes conséquences sur ta vie. Par contre, contrairement au Big Bang (que tu devais obligatoirement subir), tu peux intervenir sur ce qui s'en vient et contrôler les effets de cette situation. Ce danger, c'est le défi du PD ! La suite dans la première partie !

Dans la deuxième partie de ce chapitre, je te pose une petite devinette. Si tu veux déjà y réfléchir, je te pose tout de suite la question et je t'en reparle dans quelques pages. Voici : pourrais-tu deviner quel est le mot suivant ?

_ O _ _ _ _ _ _

(Surtout, ne va pas voir la réponse tout de suite !)

On est tous des PD !

Tu n'es pas d'accord avec cette affirmation ? Attends, ce n'est pas ce que tu crois ! Je vais te convaincre qu'on est vraiment tous des PD.

P, c'est pour Plaisir, dans le sens de «Pas d'efforts». Ici, le P représente tout ce qui est agréable, facile. D, c'est pour Difficile. Ça réfère à tout ce qui implique une forme de Douleur ou à tout ce qui exige des efforts. Chaque fois que tu as une décision à prendre, même si elle est relativement banale, ton cerveau se demande toujours s'il est devant un P ou un D. Et il est programmé pour choisir le P ! Ne prends pas cela personnel, c'est comme ça pour tout le monde. Tout être humain répond à cette loi, peu importe son âge, son sexe, sa culture, sa scolarité, ses mensurations ou son statut social. Quand vient le temps de décider, notre cerveau fait automatiquement le choix qui donne le plus de P pour Plaisir, et le moins de D pour Douleur. En somme, il choisit ce qui exige le moins d'efforts et ce qui offre le plus de facilité.

Toute la nature est PD

Quand il pleut, est-ce que l'eau se dirige vers le bas ou vers le haut ? Elle suit la direction qui offre le moins de résistance. De même, si une branche casse ou qu'une pierre se dégage de la falaise, elles prendront la direction de la facilité, également celle de la gravité, du moindre effort, soit vers le bas ! C'est l'option la plus P !

Prenons un exemple de PD. Admettons qu'il y a un prof à l'école qui, à ton avis, t'a évalué injustement. Tu n'es pas du tout satisfait de ta note. Tu as deux choix : P ou D. Si tu choisis le D, tu oses aller lui parler et tu risques qu'il rejette ton opinion. Si tu prends le P, à savoir l'option sans efforts, tu laisses faire et tu espères qu'il t'aborde par lui-même. Qu'est-ce que la majorité des jeunes auront tendance à choisir à ton avis ? La majorité choisira le P. Il est effectivement plus facile de ne pas prendre de risques, à moins qu'une chance inouïe ne se présente et que cela ne rende le tout beaucoup plus facile.

Voici un autre exemple. Ça fait deux heures que ta mère te dit de ramasser ta chambre (non, t'es pas tout seul à vivre ça !). Comme t'es en train de clavarder avec tes amis dans MSN (gros P), tu décides de reporter le nettoyage (très gros D) à plus tard pour te concentrer sur le Plaisir !

Il y a un petit problème toutefois. La loi du PD dit ceci : **plus tu choisis de P, plus tu obtiens de D** !

Penses-y bien ! Dans l'exemple précédent, si tu choisis de rester dans MSN (P), le ton de ta mère monte. Elle décide de t'enlever l'ordi pour la journée. Elle refuse de t'accorder une faveur ou un avantage que tu lui avais demandé. D ! Tu as choisi le P, tu obtiens le D. Le conflit s'installe entre vous. Oui, tu vis du P lorsque tu es avec tes amis dans MSN, mais il y a toujours un D et même un D multiplié par 2 (un DX2), qui t'attend quand tu choisis le P d'abord. Ce n'est pas le cas, cependant, si tu connais la loi à laquelle répond la nature et si tu la fais travailler à ton avantage !

Le paradoxe du plaisir

L'inverse est aussi vrai : plus tu choisis de D, plus tu obtiens de P ! Ça semble paradoxal, tu ne trouves pas ? Ayant bien enregistré la leçon du PD, tu décides de la mettre à profit pour t'aider. Comme ta mère te le demande, tu laisses le clavardage de côté, tu fais le ménage de ta chambre, et même un peu mieux que ce à quoi elle s'attendait. Gros D ! Par la suite, toutefois, tu en retires plusieurs bénéfices : tu es satisfait de toi, tu te sens proactif et fier, tu as retrouvé plusieurs choses que tu cherchais depuis un certain temps, tu relaxes mieux dans ta chambre toute propre, ta mère est contente et elle est portée à te faire plaisir à son tour. P ! C'est un plus gros P aussi de retourner à ton ordi parce que,

Analyse de l'emploi du temps de Yannick, passif et PD, dans une journée normale de 24 heures

Dormir : 14 h 30

Se décider à se lever : 2 h

Manger : 3 h 30

Regarder la télé : 4 h

comme ton travail est fait, il n'y a plus de petites voix pour te rappeler que tu ne devrais pas te trouver là.

Autre chose en passant. Te rappelles-tu que je te disais que la peur des esprits est en fait une projection des forces invisibles que tu sens agir à l'intérieur de toi ? Eh bien, ta chambre est également une projection évidente de ton monde intérieur ! Ce n'est pas un hasard si la majorité des adolescents se font toujours tomber dessus par leurs parents pour nettoyer leur chambre ; elle est une représentation extérieure de ton désordre intérieur. Ce désordre que tu crées reflète parfaitement le fait qu'intérieurement tu te sens mélangé, un peu perdu parfois, que tu laisses traîner des problèmes sans les régler immédiatement, sans savoir où commencer pour les résoudre. Le fait d'agir sur ta chambre t'aidera à influencer la clarté dans ta tête également. Donne-toi une période d'essai d'un mois (pour que tu voies vraiment les résultats) où tu devras maintenir ta chambre impeccable. Tu sentiras très nettement les impacts sur l'ordre dans ta tête aussi. Mais c'est tout un défi, *in and out* !

Double check !

Pas encore convaincu de la loi du PD ? Prenons un autre exemple. Pense à un succès que tu as connu, que ce soit mineur ou majeur, avec des amis, à l'école, avec tes parents ou ailleurs. Allez, prends le temps de trouver quelque chose que tu as accompli et dont tu es particulièrement fier. Tu as eu une bonne note dans une matière à l'école ? Tu as été capable de t'expliquer avec une amie et le conflit est réglé ? Tu as fait 80 redressements assis consécutifs ? Tu as osé aller parler à un prof que tu redoutais d'aborder ? Tu as fait le ménage de ta chambre ou de la maison ? Qu'est-ce qui explique ta fierté ? C'est que tu as choisi le D et ça t'a donné le P ! Le seul vrai P, c'est lorsqu'il provient du D. Sinon, tous les P finissent par donner des D. Tu piges ?

P est aussi pour Perdant. Si on ne comprend pas la loi du PD, on fait constamment les choix qui viennent avec «l'option de base», la même que les animaux, les branches, les cailloux et les insectes choisissent: la loi de la facilité. Encore une fois, il est impossible de se démarquer parmi les humains en utilisant cette recette primitive! Pour bâtir sa fierté, se sentir solide, obtenir la reconnaissance et la confiance des autres, se tailler une solide réputation, il faut aller à l'encontre de cette tendance à la facilité et choisir le D d'abord. Plus tes ambitions sont élevées, plus tu devras t'exiger de D... et plus tu auras de P.

Ça écœure, non? Je sais, ce n'est pas ce qu'on aimerait entendre. Tu as peut-être même de la difficulté à poursuivre ta lecture de cette section... si tu es très P. Mais si tu veux que tout roule plus facilement à l'adolescence et dans ta vie future, c'est effectivement LA loi à suivre. En fait, que tu y croies ou pas, la loi s'applique quand même!

Par contre, si tu es du type Perfecto, c'est-à-dire très perfectionniste, il y a lieu de faire une mise au point. En tentant d'être parfait, Perfecto poursuit davantage le P que le D! Eh oui! Il essaie souvent ainsi de plaire à ses parents ou à ses professeurs (ce qui est plutôt un P). Il ressent une véritable compulsion à réussir, car il pense que sa valeur est en jeu (le D). Il est donc plus réactif que proactif; il travaille pour correspondre aux valeurs des autres, pas pour les siennes. Pour que le D donne le P, il faut que la difficulté qu'on cherche à dépasser soit vraiment choisie sur une base proactive ou qu'elle réponde à NOS valeurs, qu'elle soit délibérément et librement décidée par nous-mêmes.

> «Dieu ne joue pas aux dés avec l'univers.
> Tout arrive dans un cycle de cause à effet.»
> Einstein

Par ailleurs, as-tu remarqué que quand tu choisis le P, tu obtiens le D ? C'est-à-dire que oui, tu as eu du plaisir à gagner un niveau supérieur sur ton nouveau jeu électronique, ou à parler d'un événement cocasse au téléphone pendant des heures avec un ami. Cependant, quand tu te mets au travail, très souvent tu as moins le goût, tu es plus fatigué et tu as plein de choses en tête qui te distraient. Le même phénomène se produit quand tu tentes de te débarrasser le plus vite possible de tes devoirs sans y accorder ta pleine concentration ; tu choisis la facilité, le moindre effort, tu auras un gros D comme résultat. À la limite, à force de recevoir des D de l'école, de tes parents et de ta vie, tu finis souvent par te sentir agressif, tu te dis que tu détestes l'école, que tes parents ne sont jamais contents, tout ça parce qu'en réalité tu fais face au dilemme du PD ou plutôt tu choisis trop souvent le P !

Ce que tes muscles peuvent t'apprendre

Admettons que tu souhaites renforcer tes biceps et que tu consacres 30 minutes par jour à cet objectif. Quelle serait l'option la plus rentable ? Je te donne quatre choix de réponses.

1. Jouer à ton jeu préféré sur l'ordi.

2. Prendre ton chum ou ta blonde dans tes bras.

3. Soulever des poids assez lourds dans tes mains et les ramener vers tes épaules.

4. Écouter une émission d'hommes forts à la télé.

Alors, ta réponse ? En fait, la voici. Pour renforcer tes muscles, tu dois :

• les forcer à choisir le D, donc faire des efforts supérieurs à ce qu'ils ont l'habitude de fournir ;

• leur accorder le P, soit une période de repos pour récupérer après l'effort.

Jim Loehr, spécialiste américain qui a aidé 26 athlètes à devenir des élites dans leur discipline, a prouvé scientifiquement que pour renforcer n'importe quel muscle de notre corps, il faut d'abord exiger plus de lui (donc lui faire choisir le D), puis lui accorder une période de repos (un P)[19]. Toute la nature, les êtres humains et même les plantes fonctionnent de cette façon. Pour avoir le P, devenir plus fort, plus solide, tu dois d'abord choisir le D! Le fondateur des hôtels Marriott disait: «Plus le vent est fort, plus l'arbre est solide!» En d'autres termes, pour se renforcer, il faut qu'un arbre soit exposé à des vents forts, à des difficultés. C'est vrai aussi pour l'être humain.

Loehr a également démontré que la même recette s'applique pour développer n'importe quel «muscle» de notre personnalité. Si tu veux devenir plus généreux, efforce-toi de donner plus que d'habitude. Tu veux être moins gêné? Exerce-toi en te lançant des défis de plus en plus difficiles. Fuir la difficulté (une sorte de P!) ne fera que t'affaiblir! Mais tu dois également t'accorder un temps de repos après une épreuve – très important!

À ton avis, combien de temps te faudrait-il demeurer couché sur un lit d'hôpital – complètement passif – avant d'avoir besoin de physiothérapie pour réutiliser les muscles de tes jambes? En d'autres termes, combien de temps faut-il à tes muscles pour s'affaiblir à partir du moment où tu arrêtes de les exercer? UNE SEMAINE! Une seule semaine de P, sans effort, sans bouger, et tu deviendrais incapable de marcher! La loi du PD est la loi de la nature: si tu n'exerces pas tes muscles, ils s'affaiblissent jusqu'à te rendre complètement dépendant, incapable, impotent! Pour te renforcer, il te faut absolument faire des efforts. Cette loi est la même pour tout le monde.

---

19. Source: Loehr, J., The *Power of Full Engagement; Managing your Energy, not Time Is the Key to High Performance and Personal Renewal,* New York, Free Press, 2003, 256 p.

MAIS ATTENTION. Si tu dépasses tes limites physiques, tes muscles pourraient être endommagés. C'est la même chose quand il est question de la personnalité. Tu dois savoir doser les défis à relever, sans outrepasser tes limites, et t'accorder un repos par la suite. Voilà la recette gagnante prouvée scientifiquement !

Le cas de Frédéric

Frédéric était un de mes clients. Il avait 22 ans. C'était un beau grand jeune homme originaire du sud de la France. Son père, un riche industriel, lui avait toujours accordé tout ce qu'il voulait. Frédéric a changé sept fois d'école parce qu'il disait que ses profs étaient cons. Chaque fois, son père prenait parti pour lui et lui trouvait une nouvelle école.

Lorsque Frédéric a choisi de venir vivre à Montréal, son père lui a acheté un luxueux appartement au centre-ville, avec les équipements électroniques, les électroménagers et les meubles les plus sophistiqués qu'on puisse trouver ! C'est à ce moment que Frédéric a rencontré Élaine, une Européenne elle aussi, qui avait le désir de faire carrière comme dessinatrice de mode. Une fille brillante, travaillante, talentueuse et dddddisciplinée. Ils sont tombés follement amoureux l'un de l'autre. Assez rapidement, Élaine a emménagé chez Frédéric. Les deux se sentaient au paradis.

Après quelque temps, comme Élaine continuait à travailler beaucoup, Frédéric se sentait plutôt inutile. Ayant une vie basée sur le P, il a commencé à consommer de la drogue et de l'alcool en grande quantité pour avoir plus de P. De son côté, Élaine se demandait plus de D pour atteindre les objectifs qu'elle s'était fixés et elle trouvait beaucoup de P, de plaisir et de fierté, à obtenir et à remplir ses premiers contrats.

Son amour pour Frédéric a commencé à diminuer quand elle a réalisé qu'il n'était que le petit garçon à papa, qu'il ne savait rien faire et qu'il n'avait aucune ambition. C'était comme s'il avait passé 22 ans dans un fauteuil roulant sans toutefois souffrir d'aucun handicap. Il avait simplement choisi de ne pas utiliser ses muscles, d'attendre que son père lui offre tout sur un plateau d'argent. Il n'arrivait donc pas à se mettre en action, sauf pour du P! L'appartement était un véritable fouillis, il y avait toujours plusieurs cannettes de bière qui traînaient ici et là quand Élaine revenait du travail. Frédéric se levait à midi pour se coucher à trois ou quatre heures du matin, n'arrivant pas à se décoller de la télé ou de ses jeux vidéo les plus récents jusqu'à ce que la fatigue l'emporte. Après plusieurs discussions, explications et tentatives d'amélioration, Élaine l'a quitté.

C'est à ce moment que Frédéric est venu me consulter. Il venait de réaliser que le P apporte le D et, dans son cas, c'était un gros D! Non seulement il avait perdu la seule fille qu'il avait aimée, il se sentait aussi totalement inutile, *looser*, incapable, incompétent, vide. Il ne voyait qu'une option: se suicider.

Dans son cas, se suicider était encore le P! C'était plus facile de laisser tomber que de se mettre au travail! Quand il a réalisé à quel point le P était profondément ancré dans sa vie, jusque dans son désir de se tuer, il était encore plus en colère contre lui-même, contre ce qu'il avait choisi plus ou moins consciemment de devenir. Il se retrouvait avec un D pratiquement insurmontable! Je lui ai expliqué que quand on passe 22 ans dans un fauteuil roulant, on ne peut envisager de courir le marathon après une semaine d'entraînement. Il faut établir un programme de remise en forme graduelle.

J'ai demandé à Frédéric de commencer à se fixer d'abord des objectifs «petits D», notamment en nettoyant son appartement et en le gardant propre. Frédéric s'attendait plutôt à ce qu'on formule des plans pour le rendre directeur d'une grande entreprise ou dirigeant d'une quelconque équipe d'employés! Ces options étaient impossibles compte tenu de son état de «handicapé du D». Il n'était vraiment pas enchanté de ma proposition, mais il était vraiment démuni et déprimé. Il ne faisait plus confiance à ses propres recettes. Il a donc accepté de suivre mes recommandations.

Déjà, en une semaine, il se sentait un peu plus «digne», un peu plus «fier», un peu moins ankylosé, un peu plus «capable». J'ai appris à Frédéric que la loi du PD dit que si on ne peut réussir dans de petites choses, on ne pourra réussir dans de grandes choses. Pourquoi? Parce que si tu laisses le P s'infiltrer dans ta vie, peu importe la porte d'entrée, il te sera plus difficile de le vaincre parce qu'il aura déjà une longueur d'avance sur le D. C'est une autre ruse du P que de nous faire croire que les petits défis n'en valent pas la peine; c'est au contraire là, et seulement là, qu'on peut remporter notre première victoire et solidifier notre D.

Deuxième étape: arrêter de nourrir le P en cessant la consommation de drogue et d'alcool. Si faire le ménage de son appartement était déjà une amélioration, ça ne constitue quand même qu'une petite victoire sur le P. Tant que le D ne dépasse pas le P, il sera impossible d'arriver à un résultat positif en fin de parcours!

Avec beaucoup d'efforts (D+D+D+D+D+D) et quelques rechutes où le P est revenu le surprendre sans qu'il s'y attende (c'est souvent comme ça que le P s'y prend!), Frédéric a commencé à se sentir mieux. D'une part, il commençait à reconnaître une force à l'intérieur de lui. D'autre part, son corps et son cerveau n'étant pas surchargés ou embrouillés par des substances toxiques, Frédéric commençait à entrevoir qu'il avait un certain potentiel, une certaine valeur.

De lui-même, il a diminué de manière draconienne le temps passé devant les écrans (ordinateur, GameBoy et télévision). En effet, en renforçant le D, de nouveaux choix s'imposent automatiquement, on devient moins à l'aise avec le P de la facilité et on commence à rechercher le Plaisir dans nos victoires, dans nos réussites, dans nos efforts.

Troisième étape: la recherche des morceaux de son casse-tête, des lettres de sa personnalité. Ça a été la période la plus difficile, la plus anxiogène. Il avait peur de ne pas trouver de morceaux valables, intéressants, suffisamment forts pour lui permettre de se démarquer et d'atteindre une reconnaissance sociale, une aisance financière et une fierté personnelle. Il ne savait même pas s'il était capable d'apprendre, ayant toujours laissé tomber ses cours dès qu'un effort était exigé.

Frédéric a vécu plusieurs rechutes où ses idées suicidaires revenaient en force. Il lui arrivait parfois de régresser au stade de départ pour 24 à 48 heures. Ces creux lui permettaient de mieux réaliser qu'il ne voulait plus revenir à cette vie sans vie, sans essence. Il réalisait un peu plus chaque fois à quel point ces P lui avaient apporté le gros gros D qu'était devenue sa vie.

Je n'ai pu qu'admirer Frédéric d'avoir persévéré dans sa démarche et d'avoir choisi d'entraîner ses muscles au point de devenir une sorte d'athlète au championnat de la réussite! Ayant compris et reconnu la force de la loi du PD, notre homme a développé une véritable obstination : mettre le D en priorité dans sa vie, même dans les petites choses. Chaque fois, il a reçu une nouvelle confirmation des pouvoirs de cette loi. Il a ainsi bâti sa confiance en lui-même, en sa capacité de surmonter les obstacles. Après quelques mois, Frédéric s'est découvert une passion pour le graphisme. Il a entrepris ses études dans le domaine et, dès sa sortie, il a fondé sa propre entreprise. Il fait maintenant équipe avec les plus grands dans le domaine... dont Élaine!

Leur relation s'est en effet rétablie, mais les deux ont aussi développé une grande admiration l'un pour l'autre. Comme Frédéric a compris qu'il devait laisser tomber la pension que son père lui versait pour cesser définitivement de renforcer le P, il a dû se trouver un autre appartement et il a vendu plusieurs de ses gadgets sophistiqués pour boucler certaines de ses fins de mois. Par contre, les deux ont une grande fierté de pouvoir s'offrir un petit appartement au centre-ville, avec l'argent de leurs propres réussites, et ils affirment s'y sentir beaucoup plus heureux que dans le luxueux loft où ils s'étaient quittés.

Frédéric est maintenant un fidèle défenseur de la théorie du PD. Il sait que peu importe où la vie nous mène, nous pouvons toujours lui redonner un nouveau sens. Il est même devenu un PDG!

Devenir un PD... G !

Connais-tu des PDG ? Oui, oui, des présidents-directeurs généraux ? Attention, je ne parle pas des PDG d'entreprise ! Non, je parle ici de ceux qui sont PDG de leur propre vie ! Ce sont des personnes qui ont compris que ce n'était pas une bonne idée de choisir la première option, celle de la facilité, celle du P. Ils sont capables d'aller un peu plus loin, de s'attaquer au D pour se renforcer et construire leur estime d'eux-mêmes. Mais de plus, les PDG font de la place pour le G ! G, c'est pour Grand et Gagnant ! Il est question ici de ceux qui choisissent de voir encore plus Grand et de se fixer des objectifs de Grands Gagnants ! C'est une possibilité accessible à tout le monde, mais il faut voir un peu plus Grand.

Prenons l'exemple d'une composition que tu dois rédiger en français et voyons les résultats des scénarios P, D et G suivants, dans l'ordre :

1. Tu rédiges le texte sans y accorder toute ton attention, ta copie n'a pas l'air très propre, tu sais qu'il reste des fautes et que certaines phrases auraient besoin d'être retravaillées. Mais tu décides que ce n'est pas important, tu préfères accorder du temps à tes loisirs, tu remets cette copie plutôt brouillon à ton prof.

2. Tu as fait passer le D en premier en rédigeant d'abord ta composition avant de passer du temps dans tes loisirs. Par contre, comme tes amis t'attendaient, tu l'as fait un peu rapidement, bien que tu aies pris le temps de la recopier au propre en corrigeant les fautes.

3. Tu ne fais rien sans y consacrer le meilleur de toi-même. Non seulement tu as mis ta composition en priorité, mais tu as également fait les recherches nécessaires pour que ton texte soit plus intéressant. Ton travail respecte en tout point les critères mentionnés par le prof. Tu as pris la peine de te lever un peu plus tôt le lendemain pour le relire et tu y as ajouté une dernière petite touche pour l'améliorer encore davantage.

Voici mes questions. Réponds-y avec toute l'honnêteté dont tu es capable.

- Lequel des trois scénarios apporte la plus grande satisfaction, la plus grande fierté? Le P, le D ou le G?

- Lequel des trois scénarios permet le mieux de bâtir sa réputation? De tisser des liens plus riches? D'être plus heureux?

- Finalement, lequel des trois scénarios donne le plus d'énergie à son auteur?

2 + 2 = 9

Plusieurs pensent qu'être plus exigeant envers soi-même, plus G, demande trop d'énergie. C'est un 2 + 2 = 9! Une fausseté. Le fait de s'imposer un G rapporte de l'énergie! En quantité! On se sent heureux, «*boosté* au max», prêt à défoncer n'importe quel mur tellement on a confiance en nos forces, en nos capacités. On est fier! Ce mensonge est une autre ruse de ton mental! Le PDG reçoit des bénéfices de toutes parts: les autres sont portés à lui faire confiance, à l'apprécier davantage, à lui offrir toutes sortes de belles occasions, à l'aider dans ses projets! Notre image de nous-mêmes devient forcément celle d'une personne Gagnante, intelliGente, inGénieuse, viGoureuse, Géniale!

Petit D = petit P et gros D = gros P

Une équipe de soccer qui s'est défoncée toute l'année pour remporter le championnat a de quoi célébrer en fin de saison, qu'elle ait gagné ou non le championnat. Quand on sait qu'on a donné le meilleur de soi-même, intérieurement on sent qu'on a gagné, que cette victoire soit reconnue ou non par les autres (la ligue, nos *coachs,* nos parents, nos profs, nos amis...). Le PDG est pleinement proactif, il n'a donc pas besoin du renforcement ou de la reconnaissance des autres (cette condition est nécessaire seulement aux réactifs et aux passifs). Il sait quand il peut être fier de lui, quand il a fait de son mieux et quand il peut célébrer. Une personne qui remporte des honneurs sans avoir donné le meilleur d'elle-même ne jouit pas de la même satisfaction : elle a un petit P parce qu'elle a investi un petit D et pas de G !

Des machines à P

Selon les statistiques, un ado regarde la télévision en moyenne 25 heures par semaine, ce qui représentera environ 8 à 10 ans de sa vie s'il poursuit dans cette veine. Pire, le temps accordé aux jeux vidéo et aux ordinateurs excède le temps passé devant la télévision. Chez les adultes, les machines à P s'appellent parfois les machines à poker ; ils sont plus de 140 000 joueurs compulsifs au Québec.

$2P = 3D^3 \times 100$

Es-tu fort en maths ? Que signifie l'équation ci-dessus à ton avis ? Que certains P rapportent beaucoup plus de D que d'autres... parce qu'ils provoquent des conséquences plus graves, voire désastreuses.

C'est le cas de la drogue, de la vitesse, de l'alcool, de la criminalité et du sexe, tous des éléments qui sont des énormes P, qui apportent un plaisir immédiat (comme tous les P), mais qui peuvent potentiellement devenir des $3D^3 \times 100$. Si tu choisis l'une de ces options, encore une fois, sache que la loi du PD te donnera irrémédiablement, tôt ou tard, sa facture. Nous sommes tous sous la tutelle de Dame Nature. La loi, c'est la loi, ne l'oublie pas !

Un p'tit verre, ça t'tentes-tu ? Juste pour essayer !

P comme Populaire !

Il est souvent plus facile pour un disciple du P d'avoir des gens autour de lui que pour celui qui vise le D ou le PDG. Le P se tient dans les cercles des passifs et des réactifs : or, c'est là que se retrouve la majorité de la population, surtout chez les ados ! Il est donc normal qu'il se trouve plus facilement des amis... mais ce n'est pas nécessairement bon signe ! Ça fait donc une gang de PPPPPPP : Paresseux Populaires Partis Pour Perdre et Provoquer des Problèmes !

Les D, et surtout les PDG, n'endossent pas les valeurs, attitudes et comportements des PPPPPPP. Ils ne sont pas non plus hantés par l'idée d'être populaires et appréciés des autres à tout prix. Ils sont fiers d'eux et obtiennent d'immenses P dans le fait de donner leur maximum dans ce qu'ils font et dans les réussites qu'ils accumulent. Leur épicentre et celui de leurs amis se situent dans le cercle des proactifs.

> « Je ne connais pas la clé du succès, mais je connais la clé de l'échec : essayer de toujours plaire aux autres. »
>
> Bill Cosby, acteur

Le P à crédit

J'ai eu l'occasion l'an dernier de faire un vol Francfort (en Allemagne)-Montréal (un bon huit heures de vol) avec un enquêteur de crédit travaillant pour Master Card. Il m'a beaucoup instruite sur le pourcentage de gens qui s'endettent avec une carte de crédit. C'est fou le nombre d'adultes réactifs qui n'arrivent pas à payer les dépenses qu'ils font à crédit! Ce ne sont pas des vœux qu'ils ont à Noël, mais des VEUX... et tout au long de l'année! Achète ceci, achète cela et bientôt ils ont des tracas! Être proactif, c'est aussi savoir ce qu'on peut s'offrir et résister à ce qui n'est pas dans nos moyens.

Les gymnases du D

Si tu veux accroître tes connaissances, tu vas à l'école. Si tu veux faire grossir tes biceps, tu vas dans un centre de conditionnement physique. Si tu veux devenir un PDG, il y a plusieurs possibilités. Tout ce que tu vis de difficile t'offre une occasion de nourrir ton P ou ton D. Si tu fais le minimum, tu viens de faire grandir ton P. Si tu donnes ton maximum, tu as renforcé ton D.

Le problème est que notre neurologie additionne l'ensemble des D que tu fais et soustrait l'ensemble des P: le gagnant est celui qui tendra à se développer à l'intérieur de toi. Je m'explique: si tu te défonces en maths (gros D) en délaissant complètement le français (gros P), le résultat est zéro. Même si tu t'es forcé en maths, ton P demeure fort parce que tu l'as exercé dans un autre département de ta vie. Je sais, c'est plate, mais ton cerveau fait le total de tous les P et de tous les D, et tant que le premier est supérieur au deuxième, il te sera impossible de devenir un PDG. Le D doit être non seulement fort, mais il doit aussi être répandu dans l'ensemble de ta vie si tu veux accéder au stade supérieur.

Attention, si tous tes efforts sont déployés dans le seul but de te sentir supérieur aux autres, tu es encore réactif et les réactifs ne peuvent être des PDG; tu dois le faire pour toi, de ton propre gré, pour te sentir fort et fier. Le match se joue donc entre toi et le petit rusé!

Le petit rusé

Oh, désolée, je ne te l'avais pas encore présenté! Toutes mes excuses. Le petit rusé, c'est celui qui travaille pour le P; il déteste tout ce qui exige des efforts. Mais attention, il est rusé. Par exemple, imagine que tu décides d'aller dans ta chambre faire tes devoirs. En entrant, le petit rusé te saute dessus et te fait remarquer que tu as reçu une nouvelle revue! Pourquoi ne pas y jeter un coup d'œil dès maintenant? Ou, subtilement, ton regard se pose sur ton ordi! Le petit rusé te suggère de regarder si tu as des amis dans MSN... juste pour voir! Bref, sa tactique est basée sur la loi de l'inertie: tout objet en motion tend à rester en motion et tout objet arrêté tend à rester immobile. Son but: réussir à te distraire quelques secondes, puis quelques minutes et ainsi parvenir à t'éloigner du D en t'amenant à t'amuser devant l'ordi, la télé, une revue ou autre phénomène passif de la sorte. Connaissant la nature humaine, il sait très bien qu'en t'amenant à écouter la télé juste pour une minute, ou t'asseoir devant ton ordi juste pour voir qui est branché, il réussira à te faire dévier du D et à te maintenir dans le P. Il est beaucoup plus difficile de te mettre au travail quand ça fait deux heures que tu es devant la télévision que quand tu ne t'y trouves pas encore, as-tu remarqué?

> « *Si tu ne sais pas où tu vas, il y a de bonnes chances que tu arrives ailleurs.* »
>
> Yogi Berra

Bref, le petit rusé te suggère toujours la solution la plus facile. Au lieu de faire ta chambre, il t'invite à aller prendre une collation. Quand vient le temps de pratiquer ton piano, il te suggère d'appeler une copine. Alors que tu veux t'attaquer à un travail de session, il te propose plutôt de rêver à cette personne «supermégasexy» que tu connais à l'école. L'idée à retenir est que chaque fois que le petit rusé gagne, tu perds, comme dans P! Chaque fois que tu arrives à le court-circuiter en te mettant directement au travail, tu GAGNES, avec un grand G. Observe bien, tu constateras à quel point il est toujours présent quand vient le temps de t'attaquer à un D. Néanmoins, reste aux aguets, car il est très rusé! Et il tend à parler plus fort quand tu es stressé et fatigué. Si tu apprends à le reconnaître, il ne parviendra plus à avoir autant de contrôle sur toi.

Les pouvoirs magiques du D

Tu ne me croiras jamais: les efforts, les D, sont la clé du bien-être et l'antidote parfait contre la dépression. Si un jour tu te sens moche, si tu as l'impression d'être moins bon que les autres, si tu ne te trouves aucun atout valable, si tu as des regrets par rapport à quelque chose que tu as dit ou fait et si tu cherches une solution à ce mal-être, la voici! Efforce-toi de te lancer dans un D! Essaie même d'être PDG dans quelque chose pendant 15 minutes! Qu'il s'agisse de nettoyer ta chambre, de régler un conflit, de faire un devoir, de faire des compliments à quelqu'un, ce peut être n'importe quoi, pourvu que tu donnes ton maximum. En posant de telles actions, tu fais mentir ton mental, tu le «casses» complètement. Tu lui montres que tu es quelqu'un de bien, de solide, de capable et qui peut accomplir des choses remarquables. Si tu répètes ces actions fréquemment, tu ne pourras que développer une image positive de toi-même parce que tu ne donneras que des infos positives à ton cerveau.

As-tu l'impression que tu peux remplir tout un verre en y versant des gouttes d'eau? C'est automatique, n'est-ce pas? Si tu mets des actions dans ta banque d'estime, elle va devenir très riche, et les meilleurs investissements sont ceux du PDG!

> « Tu n'as pas à être super pour continuer,
> mais tu dois continuer pour devenir super. »
>
> Les Brown

> « Tout ce qui en vaut vraiment
> la peine n'est jamais facile. »
>
> Satguru Sivaya Subramuniyaswami

Conclusion

Combien de chances donnerais-tu à un enfant pour apprendre à marcher? Vingt, trente, quarante? S'il n'y parvient pas dans ce délai, faut-il conclure qu'il est incompétent ou est-ce simplement parce qu'il n'a pas eu suffisamment de chances? Et toi, combien de chances te donnes-tu pour devenir un pro du D ou même un PDG? Tout le monde peut y parvenir, c'est certain. Il faut simplement se donner suffisamment de chances.

Si tu t'es rendu jusqu'ici dans ta lecture, c'est que tu es plutôt du genre à persévérer, du genre D!

Ça t'intéresserait de découvrir une voie express pour devenir PDG ou proactif? Passe à la page suivante et tu y seras!

Connais-toi toi-même

Te rappelles-tu la métaphore du casse-tête dont je t'ai parlé dans la première partie du livre? Cette partie va dans le même sens; en fait, ce point est tellement important que j'ai décidé de te faire un petit rappel (vraiment court, tu verras!) et d'y ajouter des trucs «proactivants»! Si tu n'as qu'une seule chose à retenir de tout ce livre, c'est à mes yeux la plus importante: découvre et respecte tous tes morceaux (ou toutes tes lettres)!

Se connaître pour devenir son propre maître

Bâtir ta confiance en toi-même, éviter de faire des choses que tu regrettes, recevoir l'admiration et la reconnaissance de tes amis, de tes parents et de tes profs, c'est possible. Mais certaines conditions sont essentielles. Voici la plus importante. Tu dois pouvoir découvrir le mot suivant:

_ O _ _ _ _ _ _ _

As-tu eu le temps de trouver la solution? Difficile de deviner un mot de neuf lettres lorsqu'on n'a qu'un seul indice, n'est-ce pas? Si tu pouvais me poser des questions et que je te disais, oui, il y a un «I», il occupe la sixième place. Non, il n'y a pas de «U». Non, pas de «D». Non, pas de «S» non plus (attention, tu te diriges vers le bonhomme pendu!). E? Oui, un. À la fin. Oh! Oh! Oh! Tu devines? Pas encore? Pose-moi d'autres questions! G? Nonnnnnn. R? Oui, il y a un R. À l'avant-dernière place. A? Oui, à la cinquième place. _ O _ _ A I_R E? Allez, lâche pas! T'es près du but! T? *Yes!* Après le I! C'est «con»? Non, c'est «con... naître»! Sans vouloir te blesser ou faire de mauvais jeux de mots, quand on passe de «con» à «naître», on arrive à «connaître»! Naître à l'adolescence, c'est enfin savoir qui on naît, ou plutôt qui on est, ce qu'on peut accomplir, mais aussi ce qui ne fait pas partie de notre banque de talents. Qui plus est, c'est le moment de s'efforcer de mettre nos graines en terre pour qu'elles forment des arbres géants en grandissant.

Contrairement à mon petit mot de neuf lettres, toi, tu contiens au moins 500 000 lettres! Ce sont celles-là qu'il te faut trouver. Lettre humain, oh! pardon! l'être humain est beaucoup plus compliqué qu'un simple mot; il possède des forces, des faiblesses, des caractéristiques extraordinaires et innombrables! En fait, tu possèdes tellement de détails qu'il te faudra toute une vie pour trouver toutes tes lettres. Et en général, on ne finit jamais par toutes les connaître, même en vivant très vieux! Chose certaine cependant, plus tu en connais, mieux tu te sens, plus tu peux réaliser ton plein potentiel et ça, c'est vraiment la satisfaction, la force et le bien-être que tu recherches.

L'adolescence, le Big Bang, donne accès à une foule de nouvelles lettres: un nouveau corps, un nouveau MEC, des nouveaux amis, des nouvelles connaissances; bref, c'est le festival de la nouveauté! Tu te sens peut-être un peu bousculé par la somme d'informations que tu découvres sur toi-même, mais si tu veux développer une confiance en toi à toute épreuve, il te faudra accumuler encore plus d'informations!

Accumuler des nouvelles lettres

Pour obtenir ce que tu recherches, sortir de cette phase où tu te sens parfois con, il te faut découvrir toutes les forces, les qualités et les talents en toi et ainsi avoir une bonne vue d'ensemble de ce que tu peux faire, ce que tu peux être et ce qui ne fait pas partie de ton bagage personnel. Pour cela, il te faut non pas ME poser des questions, mais bien poser des questions à la vie (eh oui!) en vivant des expériences variées. Plus tu poseras de questions, plus tu obtiendras de réponses et plus vite tu découvriras ta vraie personnalité. Ouvre la porte aux expériences. Ose! Fonce! Normalement, tu as jusqu'au cégep pour décider de ta profession. Cependant, déjà en quatrième secondaire, tu dois faire des choix de cours qui influenceront tes options futures. Ce serait donc super si tu avais accumulé assez de lettres pour avoir une très bonne idée de toi-même à cette étape. Ça t'éviterait bien des détours !

> « *Le courage, ce n'est pas d'être différent des autres.*
> *Le courage, c'est d'être soi, tout simplement.* »
> Satguru Daniebeaulieuswami (c'est-à-dire moi-même !)

J'ai un *scoop* pour toi : plus une expérience est difficile, plus elle est D, plus elle te sort de ta zone de confort, mais plus elle te rapporte de lettres. Plus elle est facile, plus elle est P, moins elle te fournit de nouvelles pièces ! Penses-y bien : quand c'est facile, c'est que tu fais quelque chose que tu connais déjà. Évidemment, c'est agréable parce que tu te sens compétent dans ce que tu fais ! Par contre, ça ne t'apporte aucune nouvelle donnée sur toi-même ! Il y a donc des expériences qui te rapportent beaucoup de réponses et d'autres qui prennent beaucoup de ton temps, mais qui ne te donnent aucune nouvelle lettre.

> « *Quand j'ai cessé d'être celui*
> *que j'étais, je me suis trouvé.* »
> Paolo Coelho

Tu l'as ou tu ne l'as pas !

Quelles sortes d'expériences peuvent t'apporter des informations nouvelles ? N'importe quelles ! Chacune te dira si oui ou non tu as la lettre nécessaire pour réussir dans le domaine que tu expérimentes.

Par exemple, tu te joins au groupe de musique ou de théâtre de ton école, ça te permet de découvrir si tu as du talent en musique ou en théâtre ! De la même façon qu'il n'y avait pas de « h » dans le mot « connaître », il est possible que le théâtre ne fasse pas partie de tes forces non plus ! Comment le sais-tu ? Tu n'es tout simplement pas doué et tes profs vont sans doute te le faire remarquer ! Tu ne te sens pas à ta place non plus. Attention, cependant ! Si tu es bon, mais que tu n'aimes pas ça, alors ça ne veut pas dire que tu n'as pas ce talent. Ça veut plutôt dire que pour l'instant, tu préfères ne pas le développer ! C'est très différent. Par ailleurs, il se peut que tu aimes ça, mais que le rôle ou l'instrument que tu apprends ne te convienne pas ou encore que le professeur n'arrive pas à te transmettre ses connaissances convenablement. Attends de faire quelques autres essais avant de conclure.

Repense à mon exemple. Si je t'avais induit en erreur en te disant qu'il n'y avait ni «i» ni «e», il t'aurait fallu plus de temps pour découvrir le mot, n'est-ce pas ? En fait, tu ne l'aurais probablement jamais trouvé ! Alors, si tu refuses de voir tes véritables talents ou si tu ne te donnes pas suffisamment de chances pour découvrir tes lettres, tu risques de ne jamais vraiment TE c o n n a î t r e non plus ! Assure-toi donc de te donner quelques chances avant de conclure que tu es «nul» dans un domaine ou un autre !

> *« L'homme sage est toujours similaire à lui-même. »*
> Sextus, ancien philosophe pythagorien

À l'adolescence, plusieurs essaient d'être comme les autres. Ils veulent ressembler à un gars ou à une fille qu'ils admirent à l'école, à une vedette qu'ils glorifient ou à un grand frère ou une grande sœur dont ils sont fiers. En voulant être comme les autres plutôt qu'être toi-même, tu parviens à découvrir ce que tu n'as pas, ce que tu n'es pas. Ça fait aussi partie des expériences utiles à l'adolescence. Mais la seule façon de te sentir bien, c'est d'être toi, en possession de toutes tes lettres. Tu peux utiliser une fourchette pour tartiner une rôtie, mais un couteau te rendra la tâche beaucoup plus facile ! De même, tu peux faire des choses qui ne font pas partie de ta véritable nature, mais tu ne te sentiras jamais aussi bien ou compétent qu'en faisant ce pourquoi tu es fait.

Par ailleurs, il n'y a pas de mal à apprendre des proactifs qui nous entourent... pour autant qu'on n'essaie pas de devenir comme eux et qu'on n'ignore pas notre propre nature! L'idéal est plutôt d'adapter leurs stratégies à notre personnalité et à nos besoins.

Les ados que je rencontre sont souvent déçus de découvrir que, contrairement à leurs amis, à leur grande sœur ou à leurs vedettes préférées, ils n'ont pas le «g», le «e» ou le «z» rare que tout le monde remarque. En d'autres termes, ils n'ont pas les talents de ces personnes. Je leur dis d'arrêter de se centrer sur ce qu'ils n'ont pas et d'investir plutôt dans ce qu'ils ont.

En voudrais-tu à un pommier de ne pas donner de fraises? Bien sûr que non! Les pommes, c'est super! Et toi, essaierais-tu de faire pousser quelque chose hors de ton essence? Oublie les fraises et essaie de donner le plus de «toi» possible!

«Une mission, ce n'est pas quelque chose qu'on invente.
C'est quelque chose qu'on découvre.»
Viktor Frankl

Trouver sa mission

Ne t'en fais pas si ça te prend un certain temps à trouver ta mission. Il n'y a aucune honte à cela. Conrad Hilton, le fondateur des hôtels Hilton, a pris 32 ans à découvrir sa passion et il a commencé comme directeur de banque! Thomas Jefferson a d'abord été inventeur, architecte, scientifique et fermier avant de devenir le troisième président des États-Unis. Albert Schweitzer était théologien et musicien jusqu'à l'âge de 30 ans avant de faire sa médecine et de consacrer le reste de sa vie à soulager la souffrance des Africains.

Conclusion

Essaie de deviner la phrase suivante:

> Jmr bn tr mo-mm, m j pur qu pluur pronn n
> mmnt plu j m prmt dtr qu j u.

Difficile? Je n'ai pourtant omis que quatre lettres de l'alphabet: le «a», le «s», le «i» et le «e». C'est toutefois suffisant pour enlever tout le sens à cette phrase.

Voici ce que je veux dire ici: si tu refuses de reconnaître certaines parties de toi-même, tu deviens un être que personne n'arrivera à comprendre, pas même toi. Si tu n'acceptes pas ta nature, ta personnalité et ton corps tels qu'ils sont, tu ne pourras parvenir à la force et au bien-être auxquels tu aspires. Par contre, en ayant le courage d'afficher tout ce que tu es, même si les autres trouvent que tu es «spécial» ou «bizarre» et qu'ils ne veulent plus être tes amis, tu sentiras que tu es sur la bonne voie. C'est là le chemin le plus court pour parvenir à tout ce que tu souhaites. Tu peux «être» toi-même ou «ne pas être» toi-même en essayant d'être quelqu'un qui correspondra aux critères de ceux qui t'entourent (donc un réactif). Jamais une copie ne pourra avoir autant de valeur qu'un véritable original. C'est vrai pour les tableaux, pour les voitures et c'est surtout vrai pour les humains.

Pour ta curiosité intellectuelle, la phrase trouée se lit comme suit lorsqu'elle a retrouvé toutes ses lettres :

«J'aimerais bien être moi-même, mais j'ai peur que plusieurs personnes ne m'aiment plus si je me permets d'être qui je suis.»

C'est tellement plus simple avec toutes les lettres, qu'en dis-tu ?

Un autre pas vers la liberté : acquérir des habiletés personnelles

T'est-il déjà arrivé de passer quelques années sans aller chez une tante, chez des amis ou chez des grands-parents et de constater, en y retournant, que la petite tige qui se trouvait derrière la maison s'était transformée en un arbre haut de cinq mètres ? Quelle surprise ! L'arbre est méconnaissable. Il est maintenant énorme, il possède une foule de nouvelles branches, il produit des pommes délicieuses et il offre de l'ombre à ceux qui se plaignent des chaleurs de l'été. Toi aussi, tu seras méconnaissable dans quelques années. Tu auras beaucoup grandi, tu auras acquis une foule de nouvelles connaissances, tu auras un travail et tu seras en mesure d'offrir du soutien moral, intellectuel, psychologique et peut-être même financier à des personnes que tu aimes.

Tout comme l'arbre est allé chercher sa nourriture dans le soleil, dans la terre et dans l'engrais qu'on lui a offert, tu devras, toi aussi, chercher autour de toi des ingrédients pour arriver au stade de maturité et d'autonomie que tu cherches. L'école te fournira les connaissances pour apprendre un métier, la vie se chargera de t'enseigner à éviter certaines erreurs, mais la qualité de ces apprentissages dépendra de deux aspects que tu es le seul à pouvoir contrôler : ton niveau d'énergie et ta capacité de planifier. Je te les explique rapidement.

La maîtrise de ton niveau d'énergie

Penses-tu qu'une personne gravement malade acquerra de nouvelles connaissances plus ou moins facilement qu'une autre personne au maximum de sa forme ? Bon, cet exemple est un peu extrême, mais je veux te faire comprendre que plus ton niveau d'énergie est bas, plus il sera difficile à ton cerveau de faire de nouveaux apprentissages. T'est-il déjà arrivé de te rendre à l'école en étant très fatigué ? Comment s'est passée ta journée ? Était-ce aussi facile de suivre en classe ?

Un niveau d'énergie trop bas affecte non seulement ton rendement scolaire, mais il brouille aussi ton mental ainsi que toutes tes relations avec les autres. Plusieurs jeunes concluent qu'ils n'ont pas de talent ou qu'ils sont « poches » quand ils obtiennent des mauvais résultats scolaires. Le problème pour la plupart d'entre eux n'est pas lié à un manque d'intelligence, mais bien au fait qu'ils ne contrôlent pas bien leur niveau d'énergie. Je peux également t'assurer que plusieurs conflits pourraient être évités si seulement les gens étaient capables de reconnaître leur état avant de parler. Il s'agit donc d'une habileté cruciale pour donner à ta vie présente et future toute la qualité que tu cherches.

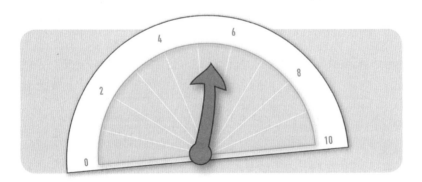

Devenir son propre chef

Première étape: tu dois apprendre à devenir conscient de ton niveau d'énergie. Pour t'exercer, tu peux te poser la question suivante plusieurs fois par jour: «À combien est mon "gaz" sur une échelle de 0 à 10?» Par exemple, un enfant de trois ans n'a aucune idée de son niveau d'énergie. Quand sa mère lui dit qu'il est fatigué et qu'il doit aller faire dodo, il réplique souvent en criant et en pleurant: «Su pas fatigué!» Malheureusement, cela traduit souvent le contraire de sa pensée! Un adulte qui revient du travail après une journée particulièrement difficile et qui est conscient qu'il est à 3/10 fera des efforts (du moins, ce serait souhaitable!) pour se taire plutôt que de tomber sur tous ceux qu'il rencontre. Il prendra aussi les mesures pour refaire le plein.

Deuxième étape (après avoir reconnu son niveau d'énergie): établir un code de conduite pour faire face aux différents niveaux qu'on traverse. Je donne un exemple de code de conduite ici, mais ce sera à toi de créer le tien en fonction des lettres ou des morceaux de casse-tête de ta personnalité et de le réviser régulièrement pour l'adapter à ta vie.

Niveau d'énergie	Code de conduite
Entre 0 et 2	Je vais me coucher, c'est urgent! Surtout, je ne parle à personne. Par conséquent, je ne dirai rien que je pourrais regretter par la suite. Je n'écoute surtout pas tout ce que mon mental me dit!
Entre 3 et 4	Pas question de travailler, à moins que je n'y sois contraint; je sais que mon rendement sera inférieur à ce que je pourrais produire dans mon état normal. Je m'assure de me coucher tôt, de bien manger et de faire une activité pour me détendre. Je demeure plutôt discret avec les autres. Je surveille mon mental de très près.

Entre 5 et 6	Je fais passer mon travail d'abord. Après, je m'accorde du temps pour être avec les autres ou pour pratiquer mon passe-temps préféré. Je fais un peu de sport pour me garder en forme et je continue de bien m'alimenter et de m'accorder assez de sommeil.
Entre 7 et 10	Je commence par faire mes devoirs et les tâches qui m'incombent. Je vérifie les longs travaux à faire et j'y consacre une heure pour prendre un peu d'avance pendant que je me sens au maximum de ma forme. Si j'en ai l'occasion, je rends service à mes parents ou à des personnes que j'aime bien. En plus de me faire plaisir, cela me permet d'apporter ma contribution aux autres, qui seront ainsi plus enclins à m'aider à leur tour lorsque j'en aurai besoin. Je m'amuse avec mes amis et je passe le reste de mon temps à pratiquer mon sport ou passe-temps favori.

La banque d'énergie

En tant qu'adolescent, tu consacre une bonne partie de ton énergie aux différents changements dans ta vie (dans ton corps, dans le MEC, dans ta vie sociale et sexuelle). Ainsi, si ta banque d'énergie est de 100 unités, il y a de bonnes chances que 50 unités soient consacrées à ta croissance physique et au MEC, 30 à tes amis et 15 à ta vie sexuelle. Si tu calcules bien, il ne t'en reste que 5 pour faire tes devoirs et nettoyer ta chambre!

Si tu ne possèdes que 20 unités dans ta banque d'énergie, les problèmes vont commencer à apparaître dans toutes les sphères de ta vie; tu n'auras plus assez de ressources énergétiques pour assumer les changements dans ton corps, pour faire tes devoirs ou pour accomplir tes tâches à la maison. Même tes amis risquent de prendre le bord! Connais-tu des jeunes qui roulent avec seulement la moitié de leur banque d'énergie? Comment ça va pour eux à l'école, avec leurs parents, leurs amis, leurs profs? Est-ce que leur corps semble en santé?

Devenir conscient de son niveau d'énergie exige beaucoup de temps et de pratique. Si tu es capable de savoir dans quelle partie de l'échelle tu te situes, c'est un bon départ. Sinon, il te faut simplement être patient et essayer de préciser régulièrement ton niveau de gaz. C'est aussi une bonne chose de demander l'avis des PFET (prothèses frontales externes temporaires) de ton entourage, surtout celles qui te connaissent très bien. Elles t'aideront à faire un grand pas en avant sur ton degré de conscience de toi-même.

Finalement, tu dois tout faire pour t'assurer de demeurer dans la meilleure partie de cette échelle, soit entre 7 et 10. C'est là que les théories du proactif et du PDG peuvent t'aider. Si tu sais mettre les lois de la nature de ton côté, tu te sentiras de plus en plus fort, fier et rempli d'énergie! La fille qui reste dans MSN jusqu'à 23 h 30 et qui omet de faire ses devoirs sera non seulement fatiguée le lendemain, mais elle sera également déçue d'avoir été passive et réactive la veille. Elle s'en voudra d'avoir choisi le P et elle se retrouvera avec un gros D. Ses parents et ses profs n'auront d'autre choix que de la ramener à l'ordre et tous ces fardeaux lui grugeront une bonne partie de son énergie. Elle risque de se retrouver entre 2 et 3/10 très souvent, ce qui sera encore plus D pour s'en sortir. Heureusement, il n'est jamais trop tard pour devenir proactif et PDG. Pense à Frédéric!

Un dernier point. Observe attentivement le cylindre ci-dessous. Comme tu vois sur l'illustration, les roches se retrouvent dans le fond du verre alors qu'une jolie petite feuille flotte à la surface. Quand ton énergie est dans le fond, c'est-à-dire entre 0 et 2, tu es dans les roches ! Tout ce que ton mental te dit est lourd, dur et difficile à déplacer ! Ta vision est moins objective parce qu'il semble toujours y avoir des obstacles devant toi. Par contre, quand tu te situes entre 7 et 10, tu te sens léger comme un pétale de rose, tu «flottes» dans tout ce que tu fais. Voilà une autre bonne raison de te maintenir tout en haut de l'échelle !

Encore un dernier, dernier point pour te motiver à garder ton réservoir plein. Dès que tu descends dans les roches, tes mécanismes de survie se mettent en action : tu deviens plus impatient, plus agressif (as-tu déjà remarqué ?) et tu as tendance à ne voir que les Monsieur Triste, c'est-à-dire les dangers ou les ennemis potentiels. C'est automatique – ton système enclenche ce processus parce que si tu n'as que très peu

de réserve dans ta banque d'énergie, il va utiliser ce qui est disponible pour assurer ta défense et ta survie plutôt que pour développer ton potentiel et nourrir tes relations interpersonnelles. Ça devient alors très difficile de demeurer sociable et objectif.

Cela est vrai pour toute personne qui s'aventure dans cette zone, toi inclus !

Cette fois, c'est vraiment le dernier, dernier, dernier point. Combien de A pourrais-tu mettre dans les deux boîtes ci-dessous en tenant compte de la grosseur de la lettre ?

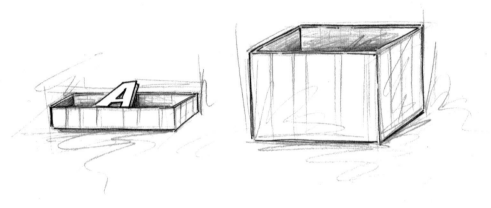

Chacune des boîtes représente ta capacité d'apprendre en fonction de ton niveau d'énergie. La plus grande, celle qui réfère à un niveau d'énergie de 8/10 ou 10/10, te permet non seulement d'entrer plus de données dans ton cerveau, mais elle t'autorise aussi à faire des apprentissages plus profonds, qui auront tendance à te rester en tête longtemps plutôt que de s'envoler avec le vent ! Ça t'évitera des heures de révision inutiles ! (Ce qui n'est pas le cas pour la personne qui se retrouverait entre 2/10 et 3/10, comme c'est le cas pour la petite boîte.)

Je n'ai pas de dernier, dernier, dernier, dernier point ! ☺

Savoir planifier

Imagine qu'on t'annonce que tu dois subir un examen très important sur la prochaine section. Tu n'as pas encore eu la possibilité de la lire. Serais-tu nerveux?

À l'adolescence, il t'arrive souvent d'avoir des tests sans avoir eu la chance d'acquérir les connaissances pour les réussir. Il est normal que tu te sentes parfois nerveux et que tu vives des échecs avec tes amis, avec ta famille ou à l'école. Par contre, je suis persuadée que tu réussis déjà beaucoup plus d'épreuves de ce genre que lorsque tu étais plus jeune. Par exemple, tu peux maintenant t'habiller seul – ne ris pas! Il n'y a pas si longtemps, tu avais besoin de tes parents pour y arriver! La différence est que tu possèdes maintenant les habiletés nécessaires pour accomplir ce genre de tâche, tout comme tu as ce qu'il faut pour en réussir plusieurs autres.

« Échouer de planifier, c'est planifier d'échouer. »
Benjamin Franklin

J'espère ne pas te vexer en te disant qu'il t'en reste beaucoup d'autres à ajouter à ton répertoire si tu veux continuer à enrichir et à simplifier ta vie. Une des plus importantes : savoir planifier ton temps, tes tâches, tes priorités, etc. Si tu veux avoir enfin la chance de contrôler ta propre vie, voilà l'endroit parfait où commencer.

Joues-tu aux dés pendant tes examens?

Pourrais-tu obtenir 10 «6» de suite en lançant un dé? Quelles sont les probabilités que tu y parviennes? Elles sont très faibles, n'est-ce pas? De la même façon, si tu n'étudies pas suffisamment avant d'arriver à un examen, c'est comme si tu jouais aux dés avec tes résultats. Ton cerveau a besoin d'un certain temps pour assimiler l'information afin que ton sillon mental se creuse et absorbe toutes les nouvelles données. Une bonne planification est donc essentielle à ta réussite!

Le pouvoir de la planification

Le fait de se fixer des objectifs affecte notre performance de quatre façons.

Premièrement, lorsqu'on a des objectifs, on dirige notre attention vers les activités pouvant contribuer à leur atteinte et on retire notre énergie de tout ce qui pourrait nous en éloigner.

Deuxièmement, les buts nous donnent de l'énergie; plus ils exigent des efforts, plus ils requièrent que notre tonus soit maintenu à un niveau maximal.

Troisièmement, les buts nous permettent de développer notre persévérance. Pour parvenir à nos fins, nous devons y travailler constamment jusqu'à leur réalisation.

L'adolescence, une période privilégiée pour instaurer de bonnes habitudes

L'adolescence est une période privilégiée pour créer de nouvelles habitudes parce que ton cerveau est en quelque sorte en période de «mise à jour de logiciel»! L'étude à long terme du docteur Giedd a montré que l'adolescence est l'époque d'une deuxième vague de prolifération et d'élagage neuronal qui touche certaines de nos fonctions mentales les plus importantes. Ce qui signifie qu'à l'adolescence, ton cerveau fait un grand ménage: il conserve certaines connexions nerveuses et en élimine d'autres, et ce, surtout dans tes départements mentaux les plus importants. Selon Gerald Edelman, spécialiste de neuroscience couronné d'un prix Nobel, seules survivent les synapses (les liens dans ton cerveau) les plus «fortes» ou les plus utilisées[20].

Jeffrey Schwartz et Sharon Begley sont du même avis. Ils indiquent que les comportements les plus souvent exercés seront ceux qui s'approprieront le plus de circuits cérébraux. En d'autres termes, le cerveau allouera plus de neurones – des cellules du cerveau – aux circuits les plus occupés. Que tu sois souvent occupé à te critiquer, à travailler ou à penser aux motos ou au bingo, ce sont ces programmes qui deviendront de plus en plus dominants à l'intérieur de toi[21].

---

20. *Courrier International*, juillet-août 2004, n° 717, p. 31.
21. Schwartz, J., Begley, S., *The Mind and the Brain*, New York, ReganBooks, Harper Collins, 2003, p. 128.

Quatrièmement, les objectifs qu'on se choisit nous procurent un contrôle sur notre vie et sur la direction qu'on souhaite lui donner. On devient le créateur de notre existence plutôt que le spectateur.

En somme, il ne s'agit pas de planifier tes journées, ton travail et ton temps pour accomplir davantage, mais bien d'abord pour jouir de chacune de tes journées au maximum. Quand tu sais que tu peux jouer à ton jeu préféré, clavarder avec ton ami ou écouter ton émission de télé sans culpabilité, c'est 10 fois plus agréable que de le faire en sachant que tu devrais être en train de travailler, tu ne trouves pas? Planifier est en fait une façon de diminuer les tensions et le stress dans ta vie. C'est également associé à une meilleure estime de toi-même et à des résultats beaucoup plus représentatifs de ton potentiel. Si tu veux te construire une image positive et solide de toi-même, il est nécessaire que tu commences à planifier MAINTENANT!

Comment planifier

Assure-toi d'être au moins à 6/10 d'énergie quand tu planifies ta semaine ou ton avenir; cela te donnera de meilleures chances d'obtenir de bons résultats!

1. Détailler les sphères importantes de ta vie
Commence par énumérer les parties de ta vie auxquelles tu consacres du temps actuellement: tes amis, tes études, tes parents, tes frères et sœurs, le sport, les loisirs, l'apprentissage d'un instrument de musique, etc. Fais la liste la plus détaillée possible.

Conséquences de l'absence de planification

- Tes parents sont souvent sur ton dos: «Tu n'as pas encore fait ton travail?»

- Tu es humilié devant toute la classe parce que tu as oublié de faire tes devoirs.

- Tu te bâtis une mauvaise réputation aux yeux des autres.

- Tu vis souvent du stress parce que tu te retrouves à la dernière minute pour faire tes travaux.

- Tu fournis un rendement médiocre parce que tu fais tes devoirs trop vite et dans des endroits inappropriés (dans l'autobus, à côté de ta case avant d'aller au cours, etc.).

- Tu en viens à détester l'école (en fait, tu détestes surtout le miroir de médiocrité que te retournent tes résultats).

- Les professeurs développent un préjugé négatif à ton égard parce qu'ils ne te font plus confiance; ça t'attire d'autres problèmes.

- Tu recherches de plus en plus les solutions de facilité — tricher, mentir, improviser, PD.

- Tu manques parfois des occasions intéressantes parce que tes travaux ne sont pas faits; entre autres, tu n'as pas accès à la récompense prévue par l'école ou par tes parents.

- Tu développes une mauvaise estime personnelle et un manque de confiance en toi.

- Tu risques fort de développer de l'angoisse ou de la dépression ; ce sont des amis qui te rappellent que tu ne fais pas ce que tu devrais faire.

2. Faire le bilan

Prends le temps d'évaluer ton degré de satisfaction dans chacun de ces départements. Tu peux utiliser une échelle de 0 à 10 ou te servir de la roue ci-dessous. Une fois que tu auras inscrit tous tes départements (en leur accordant un espace proportionnel à leur importance dans ta vie), tu peux en ombrager chacune des pointes pour illustrer ton niveau de satisfaction ; si tu es complètement satisfait, tu dois l'ombrager entièrement.

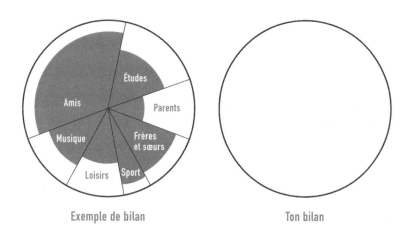

Exemple de bilan   Ton bilan

Imagine maintenant que ce cercle est la roue avant de ta bicyclette. Craindrais-tu de prendre la route avec cet équipement ? C'est précisément ce que tu possèdes actuellement comme équipement pour faire ta route d'ado ! Si tu penses qu'il y a place à amélioration, rends-toi à l'étape suivante !

> « *Tous nos rêves peuvent devenir réalité —*
> *si on a le courage de les poursuivre.* »
>
> Walt Disney

3. Écrire tes objectifs

En partant des observations que tu as retirées de la deuxième étape, élabore des objectifs pour améliorer les différents départements de ta vie. Essaie de te fixer des buts à court, à moyen et à long termes. Attention, l'important est de créer une évolution, et non pas une révolution ! En d'autres termes, n'essaie pas de rendre ta vie parfaite, personne n'y est encore parvenu ! Tes objectifs doivent simplement viser une amélioration graduelle de l'ensemble des aspects de ta vie.

Comment se fixer des objectifs

Pour que tes objectifs se réalisent, tu dois tenir compte d'au moins cinq facteurs.

Tes buts devront être :

- écrits (pas seulement imaginés),
- formulés de manière très spécifique (exemple : je veux améliorer mes résultats en mathématique en passant de B– à B+),
- suffisamment ambitieux pour soulever ton intérêt et ton enthousiasme,
- visuels (tu dois te créer une image du résultat accompli dans ta tête et la revoir souvent),
- fixés dans le temps (tu dois déterminer une date limite pour atteindre ton objectif).

4. Établir un ordre de priorité

Si tu n'avais qu'un seul choix à faire parmi les pièces ci-dessus, laquelle choisirais-tu ? Je parie que tu préférerais le 20 $! Évidemment, parce qu'il vaut beaucoup plus que les autres. De même, quand vient le temps de choisir quoi faire dans tes devoirs ou dans la planification de ta journée, certains choix rapportent plus que d'autres : ce sont les D, soit les choses les plus difficiles. Admettons, par exemple, que tu as les obligations suivantes dans ta liste :

- Faire mon devoir d'anglais.
- Faire mon devoir de maths.
- Pratiquer mon violon.
- Régler le conflit avec ma mère.
- Rappeler Charles pour un problème survenu à l'école.
- Gagner un autre niveau dans mon jeu préféré.
- Appeler Jo pour planifier la soirée de vendredi.
- Faire ma chambre.

Typiquement, si la loi du PD est valide, la plupart des jeunes seraient portés à commencer par ce qui est le plus facile sur leur liste, le plus P ! Malheureusement, cela équivaut au sou noir ! Ça ne te rapportera pas grand-chose! Si tu sélectionnes, au contraire, le choix qui exige le plus d'efforts, le D, toutes les autres obligations sur ta liste te sembleront faciles par la suite et tu seras vraiment plus fier de toi! Tu auras le vent dans les voiles pour terminer ce qu'il te restera à faire. À partir de maintenant, si tu veux que tes actions soient plus rentables, mise sur les choix à 20$!

5. Se mettre au travail
C'est bien beau de mettre par écrit tes départements et tes objectifs, de commencer par les D, mais encore faut-il te mettre au travail.

Est-ce que le nom d'Ivan Petrovitch Pavlov te dit quelque chose? Il s'agit d'un célèbre physiologiste du XIXe siècle qui a démontré le pouvoir du conditionnement. En faisant sonner une cloche chaque fois qu'il apportait de la nourriture à un chien, ce dernier a inconsciemment associé le son de la cloche à un bon repas. Il se mettait alors à saliver chaque fois qu'il entendait une cloche. Éventuellement, Pavlov a découvert que le seul son de la cloche, sans la nourriture, avait le pouvoir de provoquer la salivation du chien.

Encore plus extraordinaire, une recherche récente du docteur Herbert Spector, de l'Institut national de la santé[22], a injecté à des souris une substance qui augmentait la production de cellules immunitaires (le poly-I:C). Pendant quelques semaines, chaque fois qu'on injectait la médication, on projetait une odeur de camphre. Après plusieurs répétitions, il s'est avéré que l'odeur de camphre en elle-même engendrait la production de cellules immunitaires, même sans injection du médicament.

---

22. Source: Chopra, D., *Quantum Healing,* New York, Bantam Book, 1989, p. 207.

Passif, réactif ou proactif ?

Il existe des tonnes d'études de ce genre. Ce que ça veut dire, c'est que tu peux conditionner ton système nerveux à produire un résultat automatique, celui de ton choix. Aimerais-tu faire tes travaux sans que ça te coûte autant d'énergie et d'efforts? Voici ce qu'il te faut faire: conditionne ta neurologie.

Quel que soit le conditionnement que tu souhaites rendre automatique, tu dois tenir compte de trois choses:

1. Travaille un seul conditionnement à la fois.

2. Tout comme pour le chien de Pavlov ou les souris du docteur Spector, tu dois toujours répéter la même chose, de la même façon. Ce n'est absolument pas le temps d'apporter de la variété. Imagine, par exemple, que je te fasse entendre une chanson en changeant constamment les paroles. Penses-tu que tu l'apprendrais par cœur? Ce serait impossible. Ici, c'est la même chose. Si tu veux que ton système enregistre le conditionnement que tu souhaites lui apprendre, tu dois lui répéter la même chose, le plus fidèlement possible.

3. Accorde-toi un bon deux mois, parfois un peu plus, pour parvenir au résultat souhaité. Mais quel avantage par la suite! Le tout se fera automatiquement!

Partage la nouvelle

L'un des automatismes les plus puissants chez l'humain est le principe de congruence, qui veut que lorsque tu fais une promesse à quelqu'un, tu as tendance à la respecter... surtout si tout le monde est au courant! C'est ta réputation qui est en jeu. Une stratégie efficace pour désamorcer la force passive à l'intérieur de toi est de partager tes objectifs avec les personnes importantes de ta vie. Celles-ci deviendront les témoins et les meneuses de claques de tes succès. Ça t'obligera à réussir!

D'ailleurs, tu ne le réalises peut-être pas, mais tu as déjà conditionné ton système. Par exemple, si chaque fois que tu fais tes devoirs, tu en profites pour parler à tes amis dans MSN, tu verras qu'il te sera très difficile après un certain temps de faire tes travaux sans clavarder!

Tu n'as pas idée du nombre de conditionnements que ton système possède déjà; ils sont présents du matin au soir. Ce que tu fais le matin en te levant et le soir en te couchant, ta façon de parler, de marcher et même de digérer sont des produits de tes nombreux conditionnements. Comme tu le constates, la plupart ont été produits inconsciemment ou proviennent de ta plus tendre enfance. Que dirais-tu de les créer délibérément, en les choisissant soigneusement, de manière qu'ils te servent toute ta vie?

Je t'offre cinq options de conditionnement. À toi de voir si tu veux en essayer seulement une ou les combiner pour obtenir des résultats encore plus marquants. Enfile ton sarrau et passe à l'expérimentation. Tu verras, tu n'en reviendras pas!

a) Lieu

Les lieux peuvent facilement être conditionnés. Par exemple, quand je retourne dans mon village d'enfance, le champ de l'autre côté du pont m'amène des images de longs après-midi à cueillir des fraises. La rivière me rappelle mes premiers camps d'été; on campait juste sur le bord. Le jardin du voisin chez ma mère me rappelle les pois et les carottes

que j'allais voler le soir (ça reste entre nous, d'accord?). Ces conditionnements se sont établis sans que je le décide; ça s'est fait automatiquement et encore aujourd'hui, ils sont ravivés dès que je suis en contact
avec ces endroits.

Que dirais-tu de conditionner le lieu où tu fais tes devoirs de façon
que ton cerveau se mette automatiquement en mode «travail»? Il te
suffit simplement de toujours faire tes travaux au même endroit, que
tu réserves justement pour le travail. À un moment donné, le simple fait
de t'asseoir à ce bureau mettra ton cerveau à GO !

> «*Nous formons d'abord nos habitudes; par la suite,*
> *ce sont nos habitudes qui nous forment.*»
> Un poète anglais

Assure-toi cependant de créer un conditionnement positif et efficace. Par exemple, élimine tous les sons et les objets qui pourraient te
distraire dans cet espace: ça laissera moins d'emprise au petit rusé ou
au P. Comprends que si chaque fois que tu fais tes devoirs tu es distrait
par ces objets, tu enseigneras à ta neurologie à être distraite plutôt qu'à
se mettre au travail ! Je doute que cela te soit utile pour le futur !

b) Temps

Tu peux aussi conditionner ton cerveau à répondre au temps. Si tu fais
toujours tes devoirs à 19 h, il te sera plus facile de commencer et de rester concentré lorsque cette heure sera arrivée.

Les sillons du cerveau

Chaque comportement que tu poses entraîne la formation d'une connexion nerveuse dans ton cerveau. Si tu la répètes régulièrement, ce lien privilégié aura tendance à devenir de plus en plus fort, ton système comprendra que tu veux qu'il exécute cette opération sur une base régulière et c'est précisément ce qu'il fera. Tout comme la pluie trace des sillons qui auront tendance à se creuser à chaque averse, la répétition d'un même comportement chez l'humain crée un chemin privilégié dans son cerveau. Cette trajectoire deviendra de plus en plus solide à chaque répétition.

Suggestion de conditionnement

Pourrais-tu trouver cinq Monsieur Sourire? Si oui, bravo! C'est un exploit que je t'invite à répéter tous les soirs avant de t'endormir:

trouver les Monsieur Sourire de ta journée (il y en a toujours plusieurs). Cet exercice ne te prendra que quelques minutes, mais tu t'endormiras en donnant un programme positif à ton cerveau pour la nuit. De plus, après un certain temps, tu réaliseras que spontanément (c'est le pouvoir des habitudes), tu seras porté à reconnaître davantage les Monsieur Sourire tout au long de tes journées.

c) Objet

As-tu déjà possédé un crayon auquel tu tenais particulièrement? Tu sais, le genre de crayon qui fait qu'on s'applique davantage chaque fois qu'on l'utilise? Si tu as déjà vécu cette expérience, tu comprends maintenant que, sans t'en rendre compte, tu avais créé un conditionnement

avec lui. Si ça t'intéresse, achète-toi un nouveau crayon. Chaque fois que tu l'utiliseras, applique-toi particulièrement dans ce que tu fais. Éventuellement, le simple fait de le retrouver engendrera cette réponse dans ta neurologie. Si tu vois que ça marche, cours au magasin t'en acheter cinq douzaines !

d) La pente
Allons-y avec un petit exercice de géométrie ! Tu vas voir, c'est Pfacile, je veux dire P ! Dans le graphique ci-dessous, pourrais-tu indiquer où se situera la fin de la droite si tu la prolonges ?

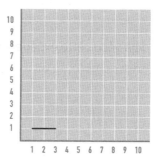

Quel sera le résultat de la prolongation des deux droites suivantes ?

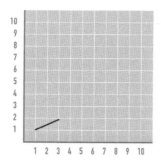 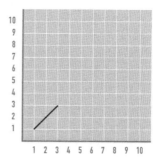

Alors? Que remarques-tu? Plus la pente de départ est raide, plus elle conduit à des résultats élevés, n'est-ce pas? Eh bien, j'ai une grande révélation à te faire: chaque fois que tu fais un travail ou que tu côtoies une personne, tu te situes précisément au point de départ, à l'étape de décider de la pente! Chaque fois que tu poses une action (faire un devoir pour l'école, réaliser une tâche pour tes parents, t'exercer à un instrument de musique, faire un sport ou un loisir, agir d'une certaine façon avec les autres), tu additionnes de nouveaux accomplissements. La résultante formera le programme que ton cerveau aura tendance à poursuivre dans l'avenir. En fait, il y a déjà un programme en vigueur: c'est celui que tu appliques sans t'en rendre compte chaque fois que tu poses une action. Si tu n'es pas satisfait de la pente que ta neurologie poursuit actuellement, tu sais maintenant ce que tu as à faire.

Une fois établie, elle devient très difficile à modifier. Par contre, à l'adolescence, comme ton cerveau est déjà en train de changer, c'est comme si tu avais la chance de faire une mise à jour. Ce conditionnement s'établit, que tu le veuilles ou non. À présent que tu en es conscient, à toi de choisir la pente qui te sera le plus utile. Si tu conditionnes ton système à toujours choisir la pente raide, bientôt ce sera ce que tu répéteras spontanément, sans avoir à y penser, sans même faire d'efforts!

«Ma plus grande force est la persévérance;
peu importe à quel point je suis épuisé, je continue
de donner mon maximum jusqu'à la dernière minute.
La liste de mes victoires montre qu'à plusieurs occasions,
j'ai remporté la joute dans les dernières minutes du jeu.»
Bjorn Borg, Champion de tennis professionnel

Autres idées de conditionnement

- Jette un coup d'œil sur ta journée du lendemain avant de fermer boutique. Tu t'assureras ainsi que tu n'as rien oublié et éviteras de mauvaises surprises.

- Habitue-toi à demeurer concentré lorsque tu travailles plutôt que de te laisser distraire par des futilités ou des pensées. Tu conditionneras ainsi ta neurologie à être plus disciplinée et tu gagneras un temps énorme.

- Tire profit des trucs des spécialistes en publicité: donne de la couleur à tes yeux! Utilise toujours des marqueurs pour mettre les parties importantes de ta matière en évidence. Ton attention s'y arrêtera automatiquement.

- Quand tu n'as vraiment pas le goût de te mettre au boulot, fais un marché avec le P ou avec le petit rusé: dis-toi que tu vas travailler avec une pente raide, mais seulement pendant une courte période, soit 5, 10 ou 15 minutes. En écrivant ce livre, il m'est arrivé souvent de faire face à un mur; je me retrouvais assise devant mon ordinateur sans qu'aucune inspiration ne vienne. Dans ces cas, je fais un marché avec mon cerveau: je me dis que je vais travailler seulement pendant une demi-heure. Ça me motive à donner mon maximum puisque je sais que je pourrai m'arrêter par la suite. Mais tu sais quoi? Lorsque le délai est expiré, je me sens généralement plus inspirée et motivée à poursuivre! Ça fonctionne puisque tu as maintenant le livre entre les mains! L'appétit vient en mangeant et le goût du travail vient en travaillant!

e) *La qualité de ta concentration*

Admettons que tu veuilles te rendre de Québec à Disney World en Floride. Quelle route est la plus rapide parmi les suivantes ? La route A ou la route B ?

Que se passerait-il si tu passais par la Californie pour te rendre en Floride ? Consommation d'essence plus élevée, voyage allongé de plusieurs jours, kilométrage plus important sur la voiture, chances accrues de faire fausse route, risque de découragement. Peut-être même n'atteindrais-tu jamais ta cible ! Rapport ?

Quand tu veux étudier, évite de passer par le Mexique, le Panama, le Brésil et l'Argentine ! En d'autres termes, fais ce que tu as à faire en étant le plus concentré possible, sinon tu apprends à ton système nerveux à « niaiser », à se dissiper. Il est absolument impossible à quelqu'un de se démarquer en étant éparpillé ! Tu dois discipliner ton système nerveux pour qu'il apprenne à rester centré sur sa tâche. Ça t'évitera des pertes de temps et d'énergie, tu auras moins de chances de te décourager et de perdre ton objectif de vue en cours de route !

À ton avis, quelles sont les autres conséquences au fait de prendre trois heures au lieu d'une demi-heure pour faire tes devoirs? Il y a de bonnes chances que tu développes l'idée que faire des devoirs, c'est long et plate! Ça deviendra donc de plus en plus pénible de les faire chaque semaine.

Par ailleurs, un système nerveux discipliné a beaucoup plus de chances de réussir en période d'examens. En effet, comme il a développé les compétences pour rester concentré, il peut donc accomplir beaucoup plus rapidement cette épreuve qu'une personne qui papillonne à droite et à gauche entre chaque question! Voilà donc un autre bon terrain de conditionnement favorable!

> *« Il ne faut jamais se laisser aller au découragement ou à l'abdication, parce que ça deviendra une tendance stable par la suite et ces états se manifesteront de plus en plus fréquemment. Au contraire, il faut se pratiquer à demeurer fort et solide! »*
>
> Un gourou

Suggestion de bonne habitude

$$5 + 6 + 7 + 8 + 9 + 10 > 5$$

Es-tu d'accord avec cette équation? Moi aussi! La première partie de l'équation représente les problèmes non réglés: ils s'accumulent et, comme une boule de neige qui roule, ils deviennent rapidement de plus en plus gros et coûteux! Au contraire, si on les règle dès qu'ils se présentent, on économise beaucoup de notre temps et de notre énergie. L'équation ci-dessus démontre ce qu'une personne devra payer si elle attend avant de régler ses problèmes (5 + 6 + 7 + 8 + 9 + 10), comparativement à une autre qui les règle dès qu'ils surviennent (5)! Une bonne habitude à développer: t'attaquer aux tâches et aux difficultés que tu rencontres dès qu'elles se manifestent. Plus tu attends, plus elles deviennent lourdes, s'enveniment et affectent l'ensemble de ta vie. Essaie cette formule pendant une semaine; tu verras par la suite si tu crois qu'il vaut la peine d'y travailler pour en faire une habitude!

6. T'offrir une récompense

Demande-le à tes parents, ils te le diront: s'ils n'étaient pas payés, c'est loin d'être sûr qu'ils iraient travailler tous les jours! Toi aussi, tu dois te récompenser pour tes accomplissements. Bien sûr, il y a toujours la fierté d'avoir donné son maximum, les bons résultats que tu obtiens à l'école ou les commentaires positifs des autres. Néanmoins, te prévoir des petites récompenses peut être un élément de motivation important. Par exemple, tu peux t'accorder 10 minutes de lecture de ton magazine préféré si tu réussis à faire ton devoir en restant concentré. Une sortie spéciale avec tes amis pourrait servir de récompense à une semaine où tu as toujours fait passer les D (les choix à 20 $!) en premier. Quelles autres options pourraient faire partie de ta liste de récompenses?

7. Réévaluer ta planification régulièrement

Il n'y a pas si longtemps, la seule route possible entre Québec et Montréal passait par tous les petits villages. À cause des arrêts fréquents, des piétons et des limites de vitesse très basses, ça prenait un temps fou pour se rendre d'une ville à l'autre. À présent, nous avons des autoroutes! Très peu de personnes utilisent l'ancien parcours: c'est tellement plus simple par la voie rapide. Toi aussi, ton territoire va changer au fil du temps. Du fait que l'adolescence est une période riche en découvertes dans une foule de domaines, il est bien possible que les objectifs que tu souhaites atteindre changent rapidement. Pour demeurer proactif, tu dois tenir compte des nouvelles informations que tu assimiles et ajuster tes objectifs en fonction de tes nouvelles priorités. Il n'y a aucune honte à cela; ce n'est pas un manque de persévérance. Au contraire, c'est un signe d'intelligence!

Tu dois aussi ajuster ton plan en fonction de ton niveau d'énergie. Si tu te situes à 2/10, tu ne peux pas choisir la même pente que lorsque tu te sens à 9/10. Impossible non plus de passer à travers toute ta liste ce jour-là; il te faudra choisir une ou deux activités réalisables.

Conclusion

1440. C'est le nombre de minutes que tu reçois chaque jour. Tu peux en faire ce que tu veux. Mais elles sont ni remboursables ni échangeables, et rien ne te garantit que tu en recevras de nouvelles le lendemain.

Alors comment les utiliser de manière que tu puisses être le plus satisfait possible? Une façon efficace d'étirer les heures et de diminuer ton stress est d'apprendre à organiser ton temps et ton énergie. J'espère que tu en es maintenant aussi convaincu que moi!

Chapitre 9

Big Bang
et Big Gang

«Plus ça va, plus ça se complique», disent certains. C'est assez vrai dans le cas de l'adolescence. Le Big Bang entraîne souvent une Big Gang avec toute la diversité et les complexités que ça implique. Je suis convaincue que tu seras intéressé à apprendre quelques trucs faciles pour te simplifier les choses de ce côté. De plus, alors que les personnes qui nous entouraient à la naissance nous étaient imposées, les prochaines, tu devras les choisir toi-même. J'ai donc pensé qu'il valait la peine de consacrer une section à ces deux points respectifs. Tu trouveras aussi, tout au long de ce chapitre, des suggestions écrites par des ados pour que «tout roule plus facilement» avec tes parents. Ils proviennent de gars et de filles de 11 à 16 ans qui viennent d'un peu partout au Québec. Leurs trucs ont été éprouvés et ils fournissent d'excellents résultats. Peut-être que ça te donnera le goût d'en essayer quelques-uns!

L'équipe de rêve

À la naissance, tu as reçu deux parents pour faire équipe avec toi. Tu ne les as pas choisis; ils t'ont été imposés. J'espère qu'ils t'apportent ce dont tu as besoin.

Dans la prochaine étape de ta vie, tu pourras toi-même choisir les personnes dont tu souhaites t'entourer. Tu peux aussi attendre qu'elles te choisissent ou qu'elles croisent ta route mais, comme tu le sais maintenant, les stratégies passives ou réactives fournissent rarement les meilleurs résultats.

Bill Gates, président de Microsoft jusqu'en 2008, n'a pas attendu que les circonstances de la vie lui soient favorables. Il a été proactif et il a recherché les meilleurs candidats – des maîtres – dans l'ensemble de la planète pour constituer son conseil d'administration; c'est ce qui fait que son entreprise est une des premières du monde.

En tant que président (ou PDG) de ta vie, il te revient d'élire des candidats sur ton conseil d'administration personnel, des personnes qui sauront exercer une influence positive dans ton cheminement, des membres qui feront équipe avec toi pour te conseiller et t'inspirer dans la création de la vie la plus satisfaisante qui soit (selon tes propres critères). Il te faut une équipe de rêve!

Si ça t'intéresse, je te propose mes services pour te présenter les critères qui devraient précéder à la constitution de ton prochain «conseil d'administration». Je te parlerai aussi de la meilleure manière de recruter tes nouveaux alliés.

Sur les traces de Bill Gates

Sur quels critères Bill Gates s'est-il basé pour choisir ses alliés, à ton avis? Comme sa recette a fait ses preuves, utilisons-la! Il y a essentiellement six critères à considérer:

1. la variété,
2. les qualifications,
3. l'expérience,
4. l'enthousiasme,
5. les compétences relationnelles,
6. les atomes crochus.

Avec tout ce beau monde, il ne fait aucun doute que tu auras tout le soutien nécessaire pour faire face aux prochaines étapes de ta vie.

La variété

Si tous les membres siégeant au conseil de Microsoft détenaient la même expertise, l'entreprise serait privée de connaissances importantes et indispensables à sa croissance; c'est donc un piège que les grands savent éviter. C'est aussi un conseil duquel tu peux tirer profit: entoure-toi de personnes aux points de vue très différents; ça te permettra de développer des perspectives plus justes et objectives.

> *« Associe-toi seulement avec des personnes dont tu es fier, que tu travailles pour elles ou qu'elles travaillent pour toi. »*
>
> Don Taylor

Les qualifications

Les plus grandes entreprises ont une chose en commun: elles font affaire avec des experts dans leur domaine. Chacun a quelque chose à nous enseigner, mais les maîtres enseignent non seulement des connaissances, ils transmettent de la passion, nous offrent des raccourcis, nous inculquent leur sacré. Ils ne courent pas les rues. Dès lors, si tu en rencontres un, ne le laisse pas passer. Non seulement il pourra t'éviter des détours, mais il améliorera l'ensemble de ta vie. Autant que possible, choisis les membres de ton comité en fonction de l'excellence qu'ils ont réussi à atteindre dans leur vie.

> *«Pour devenir un maître dans quoi que ce soit, il faut d'abord*
> *apprendre à faire les petites choses d'une grande façon.»*
>
> Proverbe chinois

L'expérience

Il y a une chose qu'aucun diplôme ni aucune université ne peuvent apporter : l'expérience. Elle se gagne par essais et erreurs, à coups de sueurs, d'humiliation, de détermination, de discussions, de courage et de temps. Recherche l'expertise des personnes pourvues d'expériences pertinentes et écoute ce qu'elles ont à te transmettre. (En passant, un parent est, en théorie, ce qu'on pourrait appeler un ex-ado expérimenté !)

L'enthousiasme

Il est impossible de réaliser de grandes choses sans enthousiasme. Tout comme une équipe allemande concevra des produits allemands, une équipe enthousiaste concevra des produits excitants, énergiques et dynamiques. Les enthousiastes se distinguent par leur créativité, leur audace, leur capacité de sortir des cadres habituels et par leur vision optimiste du futur. Ils savent tirer profit des bonnes occasions et voient les possibilités et les solutions plutôt que les difficultés et les risques d'échecs. Ils occupent une place importante à plusieurs conseils d'administration.

> *«Lorsque deux personnes sont toujours d'accord,*
> *il y en a une de trop.»*
>
> Un sage

Les compétences relationnelles

Tout comme nos mécanismes de défense sont en alerte lorsque nous rencontrons quelqu'un de suspect, les gens se méfient des personnes arrogantes ou hostiles, qui présentent un complexe de supériorité ! Peu importe leurs qualifications ou leur expérience, on n'aime pas se retrouver en leur compagnie. En d'autres termes, attention aux gens qui parlent constamment dans le dos des autres, qui accusent plutôt que de se responsabiliser, qui jugent au lieu de faire preuve d'ouverture. Bref, méfie-toi des personnes immatures qui affichent des lacunes importantes sur le plan relationnel ; elles finiront par déteindre sur toi et elles étoufferont les autres forces de ton équipe de rêve.

Les atomes crochus

Il y a des gens avec qui on se sent bien spontanément. On a le goût de travailler avec eux, de réaliser des projets avec eux. Un conseil d'administration gagnant ne pourrait pas être composé exclusivement de ce type de personne, et ce, simplement parce qu'elles ne se distinguent pas nécessairement sur le plan des compétences (bien qu'elles doivent tout de même en posséder quelques-unes pour en faire partie). Par contre, il est connu que les présidents vont s'adjoindre ce genre de collaborateur pour donner de la force à leur point de vue quand vient le temps de passer au vote, car elles auront tendance à voter dans le même sens que le président du conseil. Cette personne est aussi un ami qu'on peut inviter à la maison le soir ou le week-end pour discuter des projets en cours et s'amuser. C'est toujours agréable d'avoir une ou deux personnes (peut-être même trois) de cette catégorie dans notre équipe de rêve. Ce ne sont toutefois pas elles qui permettent de faire progresser l'entreprise. Plus souvent qu'autrement, elles sont en accord avec le président, mais elles n'apportent pas d'idées nouvelles.

> *« Certaines personnes se demandent pourquoi ;*
> *d'autres se demandent plutôt pourquoi pas ? »*
> *John F. Kennedy*

Évaluation de ton équipe actuelle

Que dirais-tu de faire une évaluation des personnes qui t'entourent sur la base des critères mentionnés? Commence par mettre le nom des personnes que tu fréquentes le plus souvent: les membres de ta famille, tes professeurs, tes amis, etc. Est-ce bien diversifié? As-tu des gens d'expérience dans ton comité? Tiens-tu compte de l'ensemble de leurs points de vue? Sont-ils enthousiastes, compétents et matures sur le plan relationnel? Te manque-t-il quelques experts? Où pourrais-tu les trouver? Comment pourrais-tu améliorer ton conseil d'administration? Aurais-tu besoin de congédier quelques membres? Lesquels? Quand? À toi de te constituer une équipe gagnante.

Où trouver les membres de ton équipe de rêve

Si tu souhaites améliorer la composition de ton conseil d'administration actuel, de nombreuses possibilités s'offrent à toi. Des candidats potentiels sont disponibles un peu partout dans ton entourage. Tu peux même en retrouver sur des tablettes ou virtuellement! Voyons ces différentes options.

Tes premiers alliés, tes parents

Tes parents sont et demeureront toujours une influence marquante dans ta vie; ils t'ont transmis des valeurs, ils t'ont offert des occasions d'apprendre, ils t'ont accompagné dans tes succès et dans tes échecs, ils t'ont défendu et protégé au besoin et, chose certaine, ils t'aiment et veulent ton bien. Tes parents, plus que quiconque, sont tes véritables alliés, du moins s'ils n'ont pas besoin de PFEP (prothèses frontales externes permanentes). Ils seront là pour te venir en aide toute ta vie... si tu sais préserver et nourrir ce lien unique. Cependant, personne n'est parfait. Tes parents font aussi des erreurs, mais ils peuvent t'apporter une sécurité que personne d'autre ne saura probablement t'offrir un jour. De simples petits efforts de ta part peuvent avoir une grande influence sur votre relation et sur l'aide qu'ils sont prêts à t'apporter. Comme pour n'importe quel coach, tu dois mériter leur confiance si tu veux qu'ils continuent à te l'accorder.

Tu viens de recevoir une promotion : président de ton conseil d'administration !

Pendant plusieurs années, tes parents ont été les présidents de ton conseil d'administration ; ils prenaient toutes les décisions pour toi : à quelle heure tu allais au lit, quelle école tu fréquentais, quels amis tu pouvais inviter à la maison, où tu allais en vacances, etc. C'est encore vrai en partie mais, bientôt, tu auras toi-même à faire tous ces choix. Penses-tu réussir à faire mieux que les anciens dirigeants ? Auras-tu des objectifs plus ou moins élevés pour toi-même ? Accepteras-tu le même genre de personne dans ton comité ? Si tes parents ne sont plus là pour te rappeler de faire tes travaux, de diminuer ton temps devant les écrans, de manger plus sainement, est-ce que tu penses pouvoir y arriver par toi-même (en plus de faire ton lavage et ta bouffe, de gérer ton argent, de faire tes courses, d'assister à plus d'heures de cours, de travailler à temps partiel ou à temps plein) ?

L'idéal est de commencer à t'exercer dès maintenant pour faire face aux responsabilités de ta promotion imminente : président de ton conseil d'administration ! Établis déjà tes critères :

- Quels départements souhaites-tu améliorer ?
- Quelle orientation veux-tu donner à ton entreprise (ou plutôt à ta vie) ?
- Combien de temps t'accordes-tu pour atteindre ces objectifs ?
- Quelles forces dois-tu développer pour améliorer ta vie dans son ensemble ?
- Quelle aide pourrais-tu t'adjoindre ?

- Comment comptes-tu t'y prendre pour t'assurer d'un bon fond de roulement (sur le plan financier) ?

Tu fais déjà partie de plusieurs conseils d'administration !

Dès que tu es plus âgé qu'une autre personne, tu exerces un pouvoir sur lui. As-tu remarqué qu'au primaire les enfants de première et de deuxième année ont tendance à observer les grands de cinquième et de sixième ? Ces derniers ne le réalisent peut-être pas, mais ils servent de modèles aux plus jeunes.

De même, si tu as un frère ou une sœur plus jeune, tu lui sers d'exemple. Je sais, tu n'as pas demandé à être le héros, même que tu préférerais probablement qu'ils te laissent tranquille, mais c'est encore la loi de la survie de l'espèce. Partout où tu iras, tu exerceras ce rôle sur les plus jeunes que toi. Es-tu fier de ce que tu transmets comme exemple actuellement ?

C'est excitant de pouvoir décider de tous ces aspects ! Le président est toujours celui qui fait toute la différence dans le succès ou l'échec de son entreprise ; tout dépend de sa détermination, de sa vision, de ses capacités de planification, de son enthousiasme, de ses compétences et de sa force de travail. Comment étaient tes parents sur ces critères ? Penses-tu qu'en devenant le président ta vie va s'améliorer ou se détériorer ?

Les parents de la planète

Il existe plusieurs sortes de parents. Certains peuvent nous offrir un soutien affectif, financier ou psychologique. D'autres nous inculquent des connaissances ou nous transmettent des valeurs. D'autres encore nous poussent à l'action ou nous ouvrent des portes sur le plan professionnel. Il est bien rare de rencontrer un seul parent qui peut réunir tous ces avantages à la fois. On doit donc en recruter tout au long de notre parcours. Comme je l'ai déjà mentionné, tu peux attendre qu'ils croisent ton chemin ou tu peux les rechercher; tu peux attendre qu'ils t'offrent leur aide ou tu peux la leur demander.

Il y a des parents universels: les Einstein et les Newton de ce monde nous ont appris beaucoup sur la physique. Ils ont été nos pères. Les Nelson Mandela et les mère Teresa ont transmis leurs valeurs au monde entier; ils ont été nos gourous. Il y a des centaines, voire des milliers d'autres modèles de qui nous pouvons apprendre des leçons de vie importantes; ils ont tous laissé des traces de leur sagesse. Il n'en tient qu'à toi de les découvrir.

Les personnes âgées ont un long vécu rempli d'expériences de toutes sortes. Il est toujours enrichissant de s'entretenir avec elles.

Beaucoup d'enseignants dans les écoles primaires, secondaires, au collège et à l'université vivent une véritable passion pour leur métier; ils sont toujours enthousiastes de véhiculer leurs connaissances à des élèves intéressés.

Il y a aussi des gens qui ont consacré leur vie à développer des outils pour aider les autres: des thérapeutes, des éducateurs, des travailleurs sociaux, des médecins, etc. Ceux-ci ne demandent pas mieux que de t'apporter leur expertise et leur soutien.

Peux-tu penser à deux personnes qui pourraient t'apporter de l'aide dans une sphère de ta vie? Qu'attends-tu pour leur demander de devenir ton coach?

Les coachs *professionnels*
Alors que certains se sentent honteux de demander des conseils, d'autres sont prêts à payer une fortune pour en obtenir.

Retirer des enseignements de personnes plus expertes que nous est toujours un privilège, surtout quand ça nous vient d'un *coach* professionnel. Madonna et Céline Dion recherchent constamment des *coachs* hors du commun; c'est ce qui leur permet de continuer à se démarquer. Tony Robbins, par exemple, reçoit plus d'un million de dollars par année, par personne, pour coacher des hommes d'affaires au téléphone 10 à 20 minutes par jour! Heureusement, tout le monde n'exige pas ce genre d'honoraires! Si tu as la chance d'avoir un professeur exceptionnel à ton école, sois conscient de cet avantage qui ne se représentera peut-être pas aussi facilement.

Tu peux aussi retrouver des mentors remarquables à la télévision ou en DVD. Recherche-les! Ils feront une énorme différence dans ta vie.

Cher docteur Cardu

Le docteur Bruno Cardu était mon directeur de recherche quand j'étais étudiante à l'Université de Montréal. Il a été une des personnes les plus influentes dans ma vie. Un jour, nous avions décidé de marcher ensemble pour aller au restaurant. Alors que nous nous trouvions à une intersection et que le feu de circulation était au rouge, j'ai regardé de chaque côté et, voyant qu'aucune voiture n'arrivait, j'ai voulu traverser. M. Cardu m'a gentiment retenue et il a pointé le doigt vers l'autre côté de la rue pour me faire remarquer l'enfant qui s'y trouvait: «Si vous traversez, vous apprendrez à cet enfant à ne pas respecter les règles. Éventuellement, ça pourrait lui coûter la vie!»

J'ai été estomaquée! Je n'avais jamais pensé à cela; j'étais trop à l'écoute de mon propre nombril. À partir de ce moment-là, j'ai pris conscience que, qu'on le veuille ou non, nos comportements, même les plus banals, influencent les autres, surtout les enfants. J'ai aussi réalisé qu'on se sent beaucoup mieux quand on s'efforce de donner un bon exemple aux plus jeunes que lorsqu'on choisit égoïstement de les ignorer.

Des coachs *sur les tablettes*

À défaut d'avoir le privilège de côtoyer directement un maître (ils ne courent pas les rues !), tu peux lire leurs enseignements dans leurs écrits. Imagine : un maître a pu consacrer 50 ou 60 ans de sa vie à atteindre le sommet de son art. Une bonne partie de ces réflexions est accessible en lisant un livre qui ne te prendra que quelques heures. Quel heureux raccourci ! Si tu t'en donnes la peine, tu découvriras des richesses inouïes dans les librairies, qu'elles se situent près de chez toi ou dans le Net. Et souviens-toi que les membres de ton conseil d'administration n'ont pas à être tangibles : ils doivent seulement être présents dans tes pensées !

Les amis : quelle place leur réserver dans ton conseil d'administration ?

Les liens d'amitié qui se tissent à l'adolescence peuvent devenir très forts, surtout si tu te sens vraiment perdu (tu te rappelles mon exemple intitulé *Hong-Kong Alone ?*). Ils peuvent te livrer une foule de connaissances diverses, selon leurs expertises précises. Ils t'offrent aussi un excellent terrain pour exercer tes nouvelles habiletés et compétences. Toutefois, comme je te l'expliquais plus tôt, tes amis affichent les mêmes équipements que toi s'ils sont des ados : un préfrontal en développement, une dose excessive de testostérone en circulation et un déficit d'information. Il y a une quantité de choses à partager avec eux, ce qui n'est pas toujours possible avec des adultes. Néanmoins, si tu souhaites vraiment te bâtir une équipe de rêve, il faudra que tu ajoutes des membres à ton comité en tenant compte de la variété, de l'expérience, des qualifications, de l'enthousiasme et des habiletés interpersonnelles. Il te faudrait donc au moins quelques PFET (prothèses frontales externes temporaires) parmi tes cadres supérieurs !

C'est en se connaissant mieux qu'on s'apprécie

Si tu veux que tes parents soient *cools* quand tu invites tes amis à la maison, commence par les leur présenter. Non seulement ils seront rassurés, mais tes amis se sentiront plus à l'aise s'ils ont pu créer un bon lien de départ avec ton père et ta mère.

Attention aux forces qui s'imposent dans ton conseil d'administration

Il peut arriver que certaines personnes essaient d'avoir un siège dans ton conseil sans y être invitées : des jeunes qui vont essayer de t'intimider ou de te ridiculiser si tu refuses de prendre de la drogue, de l'alcool ou d'avoir des relations sexuelles, par exemple. Ne les laisse pas s'infiltrer ! Aie confiance en tes valeurs et maintiens ta position de président.

Par ailleurs, la télévision siège souvent au rang de directeur, de conseiller, voire de président dans plusieurs conseils ! Tu penses que je fais encore du bouttisme ? Absolument pas ! Si tu consacres chaque jour beaucoup de temps à regarder la télévision, cela signifie qu'elle fait partie des influences de ton équipe de rêve. Est-ce vraiment ce que tu souhaites ? Au moins, au lieu de simplement « zapper », regarde la programmation à l'avance et choisis les émissions qui pourront te rapporter !

Les 12 lois des relations exceptionnelles

Depuis plusieurs années, tu as eu droit à un traitement de faveur, du moins de la part des adultes qui se trouvent autour de toi. Comprenant que tu étais un enfant ou un ado en plein Big Bang, ils étaient portés à accepter plus facilement tes erreurs, à te pardonner et à te donner une nouvelle chance. Cependant, les adultes ne manifestent pas toujours ce genre de tolérance et ils n'ont pas toujours une attitude très zen envers les autres adultes (les ados entre eux non plus, tu as dû le remarquer !).

Étonnamment, malgré l'importance des relations interpersonnelles dans notre parcours, il n'existe pas de cours obligatoires sur cette dimension ! Heureusement, plusieurs psychologues et sociologues se sont penchés sur la question et nous ont offert des trucs et stratégies qui peuvent faire toute la différence.

Cette section se veut donc un cours accéléré sur les relations interpersonnelles. Pour ajouter à ta boîte à outils dans ce domaine, j'ai réuni ici 12 stratégies qui peuvent te permettre de vivre les relations les plus harmonieuses possible. Elles pourraient t'aider dès aujourd'hui ! Je te laisse lire ce qui suit.

1. Apprendre à dire

Connais-tu Alex et Alain ? Je suis sûre que oui. Ce sont les deux membres de la famille Térieur : Alex Térieur et Alain Térieur. J'imagine que tu es probablement plus familier avec Alain, celui qui possède beaucoup de secrets, qui vit de grands remous, mais qui habite sur la planète TAIRE. Il préfère donc n'en parler à personne. Ça te dit quelque chose ?

Si cette partie d'illustration représente la partie de ta vie que tu partages avec tes parents, comment sont-ils censés deviner le reste ?

Une des sources importantes des difficultés relationnelles à l'adolescence est l'utilisation de la méthode de l'espoir : tu ne dis rien et tu espères que les autres te devinent ! Ce sont là des vestiges de notre vie intra-utérine. Dans le ventre de notre mère, nous n'avions ni à parler ni à demander. Tout ce dont nous avions besoin pour notre développement nous arrivait avant même que nous y pensions ! Cette période s'arrête le jour où nous naissons. À partir de cet événement marquant, il faut apprendre à dire ce qu'on pense, d'une manière claire et limpide.

Si tu entends, par exemple, quelqu'un dire : «Espèce de ch...!» Que comprends-tu ? Espèce de chenapan ? Espèce de chialeux ? Espèce de chiche ? Mais peut-être est-ce : «Espèce de chanceux !» Tu vois, plus tu es nébuleux, plus tu te fais évasif dans tes propos, plus il y a place à l'interprétation et au malentendu.

Devenir son propre chef

Par ailleurs, plusieurs personnes sont portées à dire le contraire de ce qu'elles pensent. Il est alors encore plus difficile de les comprendre ! Les exemples les plus courants sont les suivants :

Expressions prononcées	Significations réelles
«J'm'en fous !»	«Je me sens seul» ou «J'ai peur d'échouer».
«Ça m'dérange pas.»	«J'ai peur de ne pas être à la hauteur de tes attentes.»
«Qu'est-ce tu veux qu'ça m'fasse ?»	«Je me sens vraiment *looser.*»
«J'veux pu rien savoir de lui.»	«J'ai de la peine qu'il ne veuille plus être mon ami.»

En général, les gens n'osent pas exprimer comment ils se sentent réellement, as-tu remarqué ? Ils ont peur d'admettre leur vulnérabilité et préfèrent se montrer forts. Malheureusement, la réalité se trouve souvent à l'opposé. Cette stratégie vient complètement fausser les relations et te retourne une image de toi inauthentique, affaiblie, malhonnête. Tu finis même par te demander qui tu es vraiment puisque tu camoufles toujours ta véritable identité. Ça prend une bonne connaissance de soi et beaucoup de courage pour oser dire vraiment ce qu'on pense et ce qu'on ressent. Très peu de personnes en sont capables.

Par ailleurs, observe les cordes suivantes et dis-moi laquelle tu utiliserais pour retenir un poids de 200 kilos.

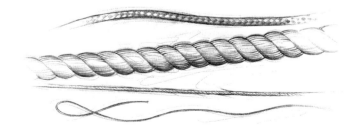

C'est aussi la question que tes parents se posent quand tu t'apprêtes à soulever un poids : sera-t-il capable de le soutenir ou est-ce que sa corde va casser ? Les types de poids associés à l'adolescence sont les suivants : être capable de dire non à la drogue, aux relations sexuelles prématurées, à l'alcool, à la criminalité, à la vitesse, aux mauvaises influences, etc.

C'est prouvé !

Des études ont démontré que plus nos aptitudes à s'exprimer sont développées, moins nous avons de chances de poser des comportements impulsifs et criminels[23].

Si tu souhaites que tes parents te «laissent de la corde», tu peux les engueuler, leur mentir ou te révolter. Mais il existe une bien meilleure solution : mériter leur confiance !

Dans la tête de tes parents, il existe un lien direct entre la liberté et la confiance; plus ils te font confiance, plus ils t'accordent de liberté. Si tu démontres que tu es capable de te centrer sur le D d'abord, que tu sais choisir tes amis et ton conseil d'administration et que tu communiques ouvertement avec eux, ils te l'accorderont, car ils savent que tu as une corde solide. Je sais que tu as peur qu'en leur révélant tes secrets et tes questionnements, ils te limiteront encore davantage tes sorties

---

23. Source : Moffitt, T. E., «The Neuropsychology of Conduct Disorder», *Development Psychopathology*, vol. 5, 1993, p. 135-151.

mais, crois-moi, c'est l'inverse. Les parents le savent quand quelque chose ne va pas à l'intérieur de toi, mais si tu leur répètes toujours que tu n'as rien, ils sentent que tu leur mens et ils ne sont pas rassurés. C'est normal qu'ils aient de la difficulté à te faire confiance par la suite, tu ne penses pas? Parle-leur de ce que tu vis à l'école, de tes amis, de ce qui t'intéresse.

Par ailleurs, il est très normal pour tes parents de vouloir être au courant d'où tu es, où tu vas et avec qui; l'inverse est aussi vrai. La confiance s'installe rapidement quand la communication reste ouverte et honnête; c'est vrai avec tes parents, mais aussi avec tes professeurs, tes amis et tous ceux qui font partie de ton équipe de rêve.

2. Apprendre à dire «oui»
L'adolescence offre une foule d'occasions intéressantes, qui n'existaient pas au primaire: des échanges culturels, des programmes d'études à l'étranger, des activités parascolaires, une radio étudiante, la chorale, l'harmonie, le conseil étudiant, etc. Si tu apprends à dire oui plus souvent aux options qui te sont offertes, tu verras qu'elles vont augmenter! Les professeurs et les autres élèves enthousiastes seront portés à te recruter pour faire partie de leur projet. Tu auras alors l'occasion de vivre des expériences privilégiées qui pourront te rapporter gros! Attention cependant à ne pas te trouver enseveli sous les engagements!

L'inverse est aussi vrai, toutefois; si tu refuses constamment de t'engager dans les programmes offerts, un jour tu seras classé dans le groupe des «non-intéressés inintéressants».

3. Apprendre à faire dire oui à l'autre!
Ce serait super si tout le monde pouvait toujours répondre oui, tout de suite, à toutes tes demandes (ouais, il y a pas mal de bouttisme verbal dans cette phrase!). Je ne peux t'assurer que les trucs qui suivent

te permettront toujours d'obtenir ce que tu veux, mais ils accroîtront certainement tes chances d'y arriver. Il y en a quatre.

Les voici :

Le premier truc vient de Socrate (qui a vécu de 469 à 399 avant J.-C.). Ce philosophe grec nous apprend qu'après une suite de questions qui lui auront fait dire oui (un GROS oui), une personne aura tendance à répéter son «oui» lorsqu'elle entendra la demande ultime. Par exemple, tu voudrais aller à un *party* chez un de tes amis, mais tu crains que ta mère refuse. Applique la règle de Socrate et commence par lui demander si elle trouve que tu as bien ramassé ta chambre depuis une semaine (ce qui implique que tu l'as fait – tu recherches un gros oui à cette question !). Parle-lui de tes notes à l'école et vérifie si elle aussi en est satisfaite. Rappelle-lui le plaisir que vous avez eu en allant magasiner ensemble l'autre samedi et demande-lui si elle aimerait reprendre cette activité un moment donné. Après trois ou quatre de ces questions, lance ta demande: «Mom, serais-tu d'accord pour que j'aille à un *party* chez mon ami Gab vendredi soir?» Tu verras, il y a de bonnes chances qu'elle te sorte un gros oui !

Deuxième truc: la banque de faveurs. Les psychosociologues parlent plutôt du principe de réciprocité qui stipule que lorsque tu donnes à quelqu'un, il est porté à être réciproque, c'est-à-dire à te rendre la pareille. Les disciples de Krishna, par exemple, utilisent cette banque: ils donnent une fleur aux passants dans les centres commerciaux. Plusieurs personnes sont alors portées à leur faire un don en retour !

Comme l'affirme Paulo Coelho: «La banque de faveurs est la banque la plus puissante du monde. Elle intervient dans tous les domaines. Mais elle est un investissement à risques, comme toute autre banque[24].» Tu

---

24. Source: Coelho, P., *Le Zahir*, Paris, Flammarion, 2005, p. 48-49.

as probablement remarqué que lorsque tu accomplis les tâches que tes parents te demandent de faire ou que les professeurs te donnent, ces derniers sont plus enclins à t'accorder des faveurs par la suite. Au lieu d'utiliser ce principe inconsciemment, exploite-le délibérément! Il y a des risques mais, au moins, tu mets plus de chances de ton côté!

Troisième truc: apprends à poser des questions plutôt qu'à lancer des affirmations. Par exemple, ne dis pas à tes parents: «Je vais au cinéma avec Patricia ce soir.» Cela pourrait soulever leur hostilité. Présente plutôt le tout sous forme de question: «Patricia et moi aimerions aller au cinéma ce soir. Je serais de retour vers 23 heures, c'est OK, Dad?» La même stratégie fonctionne avec tes amis. N'affirme pas: «On va manger dans la salle de jeu.» Dis-leur plutôt: «Hey, les gars, ça vous tenterait d'aller manger dans la salle de jeu?» Les gens sont portés à mieux réagir quand ils ont le choix et ils se sentent plus respectés. Il y a donc plus de probabilités que tu obtiennes ce que tu demandes.

Quatrième et dernier truc: le principe du chaud-froid. Il s'agit ici d'exploiter les contrastes. Dans le milieu policier, par exemple, il arrive fréquemment qu'on envoie délibérément un caporal bête et menaçant pour intimider l'accusé. Stratégiquement, on fait ensuite entrer un autre agent, plus gentil, qui fait sortir son confrère. Le gentil présente alors ses excuses au détenu pour l'attitude rébarbative de son collègue, il lui offre une cigarette et un Pepsi et, finalement, il pose ses questions! Ça fonctionne!

Quand j'étais étudiante au cégep, une de mes copines souhaitait obtenir de l'argent de sa mère pour payer son loyer. Elle savait que ce serait difficile à obtenir parce que sa mère lui avait déjà envoyé de l'argent le mois précédent. Elle a donc rédigé une lettre dans laquelle elle racontait des catastrophes qui lui étaient arrivées: maladie, attaque à coups de couteau, échecs scolaires, etc. À la fin de la lettre, elle a ajouté : « Rassure-toi, maman, rien de cela ne m'est arrivé. J'aurais seulement besoin de 200 $ pour payer mon loyer. Pourrais-tu m'aider ? » Quelle a été la réponse de sa mère ? Un gros oui !

4. Apprendre à dire « non »

À l'adolescence, la dernière chose qu'on veut, c'est avoir l'air du ti-gars ou de la tite-fille à maman ! Lorsque tu te retrouves confronté à des plus vieux que toi, tu es donc porté à faire comme eux pour avoir l'air aussi grand et mature qu'eux. Beaucoup d'ados que j'ai rencontrés ont profondément regretté leur décision après coup ; loin de se sentir matures, ils ont plutôt eu l'impression d'avoir été incapables de respecter leurs valeurs. Ils se sentaient perdants, réactifs, PD. Plusieurs d'entre eux se sont fait prendre à ce piège parce qu'ils ne savaient pas trop comment dire non. Je t'offre ici quelques formules qui pourront peut-être t'aider dans ces situations.

« Je ne fume pas, je trouve ça trop dégueu. »

« Je ne prends pas de drogue. Je suis capable de me faire du fun sans ça. »

« Je ne bois pas. Je n'aime pas l'effet que ça me fait. »

« Prends-en si tu aimes ça. Moi, ça ne m'intéresse pas. »

« Tu peux penser ce que tu veux, ça ne me fera pas changer d'idée. »

« J'aime ça être en pleine possession de mes moyens. C'est pour ça que je ne consomme pas. »

« J'aime mieux être *straight* que d'avoir des problèmes. »

« Non merci. Ça ne me tente pas d'avoir des problèmes. »

Quand tu te donnes des règles claires et solides, elles deviennent in-discutables. Assure-toi cependant de les établir avant de te retrouver dans une situation embarrassante.

5. Apprendre à dire «qu'est-ce que?»

Qu'est-ce que ton école, tes amis, les Africains et les brasseries ont en commun? Ils ont tous des règles qui leur sont propres. C'est aussi ce que tu as en commun avec ton père, tes frères et sœurs, ta mère et les voisins!

Un premier «qu'est-ce que» consiste donc à interroger ceux qui t'entourent pour découvrir leurs règles et pour mieux comprendre ce qui les fait réagir positivement ou négativement. Voici de bonnes ques-tions à leur poser pour cela: «Qu'est-ce qu'un ami ne devrait jamais faire?» et «Qu'est-ce qu'un bon ami devrait toujours faire?». Tu peux évidemment remplacer le mot «ami» par plusieurs autres mots comme «parents», «professeurs», «voisin», «chum», «blonde», «enfant», «ado», «élève», «gouvernement» – bon, ça peut nous mener loin! Si ta blonde te dit: «Un bon chum devrait toujours clavarder avec moi le soir (sous-entendant pendant trois ou quatre heures)» ou «Un bon chum ne devrait jamais regarder une autre fille», te voilà alors bien ren-seigné sur les exigences de ta copine.

Tu risques d'être surpris de voir que chaque personne – incluant toi-même – possède des règles très distinctes. Le problème est que per-sonne ne pense nécessaire de les livrer aux autres! Ils ont l'impression que tout le monde les connaît. «Ben voyons, c'est évident!» Voilà un autre vestige de notre vie intra-utérine!

Au fait, connais-tu tes propres règles? Qu'est-ce qu'une personne super? Qu'est-ce qui fait qu'une personne a réussi? Qu'est-ce qu'une mère ne devrait jamais faire? Qu'est-ce qu'un professeur ou un ami

devrait toujours faire ? Si les comportements de ces personnes ne cor-
respondent pas à tes exigences, tu seras porté à les juger, peut-être même
à les éliminer de ta vie ! Mais tes règles, d'où viennent-elles ? En fait,
elles viennent souvent des membres de ton conseil d'administration : tes
amis, tes parents, etc. Que dirais-tu d'établir tes propres règles en tant
que futur président ? Petit conseil en passant : établis des règles qui ren-
dront ton bien-être possible !

Le deuxième «qu'est-ce que» sert à éliminer ton déficit d'information. Lorsque tu vis un conflit avec quelqu'un, évite de lui dire une phrase
comme ceci : «C'est quoi son problème ? » Enquête !

Pourrais-tu me dire, sans regarder, ce qui se trouve à la page 322
du *Larousse ?* C'est impossible, n'est-ce pas ? Les êtres humains sont
de véritables dictionnaires et ils ont des définitions différentes pour une
foule de choses ! Fouille leurs pages intérieures pour recueillir le plus
d'information possible avant de prendre une décision ou de brasser
ton Pepsi. «Qu'est-ce que tu en penses ? » «Qu'est-ce qui ne va pas ? »
«Qu'est-ce qui te met en colère, te fait de la peine, te dérange ? » Beaucoup de problèmes peuvent être résolus en prenant simplement le temps
d'écouter réellement la version de l'autre. On dit que l'être humain a
reçu une bouche mais deux oreilles parce qu'il doit apprendre à écouter deux fois plus qu'à parler ! C'est à retenir !

Devenir enquêteur

T'est-il déjà arrivé de vouloir prendre du yogourt dans le réfrigérateur,
mais de constater que le pot avait en fait été utilisé pour ranger les
restes du repas de la veille ? Tu n'as pas trouvé ce que tu cherchais...
C'est souvent ce qui arrive dans nos relations avec les autres : ce

qui est affiché sur leur étiquette extérieure est souvent très différent de ce qu'ils vivent intérieurement.

Même chose pour une tablette de chocolat: l'emballage extérieur n'est pas ce qui goûte le meilleur! Même si c'est souvent l'emballage qui nous attire, c'est quand on goûte au chocolat lui-même qu'on peut se faire une idée si on aime ou pas.

De même, toutes les relations demeurent superficielles tant qu'on n'a pas ouvert le pot ou déballé la couche extérieure. Si tu veux vraiment connaître une personne plutôt que de vivre dans l'illusion, apprends à poser des questions pour découvrir les règles de l'autre.

6. Apprendre à dire «merci»

Sais-tu quelle technique on utilise pour développer des comportements souhaités chez les animaux? Le renforcement positif: on leur sert un petit cadeau (souvent de la nourriture) chaque fois qu'ils exécutent correctement le comportement attendu. Tu sais quoi? Ça fonctionne avec les humains aussi! Si tu sais apprécier ce que les autres font pour toi en les remerciant souvent, ils seront portés à te donner encore plus. Qui plus est, ça fait vraiment plaisir de voir que l'autre reconnaît nos efforts. C'est une façon d'embellir ta vie et celle des autres. Pourquoi s'en priver? Merci, merci, merci!

7. Apprendre à dire «je suis désolé»

Un jour, les éboueurs de la ville de New York ont décidé de faire la grève. Manhattan a vu des tonnes de vidanges envahir ses rues et, bientôt, toute la ville a été infestée de rats. Certains disaient que les rats avaient emmené les poubelles, d'autres affirmaient plutôt que c'étaient les poubelles qui avaient attiré les rats. Quel est ton avis sur la question ?

« Les choses les plus importantes à dire sont celles
que je n'ai jamais cru nécessaire de dire parce
qu'elles me semblaient trop évidentes. »

André Gide

Les conflits et les erreurs commises sont comme des poubelles : ils attirent les problèmes. Nettoie-les avant de créer des épidémies et d'empester tout le monde !

Souris, sourions, souriez !

Le sourire est un aimant puissant. Non seulement il attire les gens vers nous, mais il prédispose également la neurologie à établir des connexions nerveuses beaucoup plus bénéfiques.

Plusieurs autres bénéfices associés à ce geste existent. En effet, sourire :

- renforce le système immunitaire ;
- te fait apprécier davantage le moment présent ;
- embellit la personne ;
- contamine les autres et les aide ;
- augmente ton niveau d'énergie ;
- attire les personnes vers toi.

Nous sourions quand nous sommes heureux, mais nous sommes heureux aussi parce que nous sourions ! Exerce-toi à sourire quand tu lis, quand tu regardes la télévision, quand tu parles à des amis, quand tu étudies, quand tu prends ta douche, quand tu manges ou quand tu parles au téléphone! C'est gratuit!

Une façon de faire sentir (sans faire de jeu de mots!) à l'autre ta sincérité dans tes excuses est de commencer par reconnaître ce qu'il a pu éprouver quand tu as dit ou fait quelque chose qui l'a blessé. Voici quelques exemples: «Je sais que je t'ai fait de la peine et que tu n'as plus le goût de me parler», «J'ai l'impression que tu t'es senti très humilié devant tout le monde quand j'ai dit...», «Je comprends ta colère contre moi» ou «Je te comprends très bien. Je me serais senti comme ça moi aussi».

Par la suite, reconnais ta part de responsabilité au lieu d'essayer de te justifier. Des phrases comme «J'ai vraiment "pogné" les nerfs sans raison», «J'ai été stupide, j'essayais de faire rire mes amis» ou «Je n'avais pas de raison d'agir comme ça» sont efficaces. Finalement, présente sincèrement tes excuses: «Excuse-moi», «Je suis désolé» ou «Je veux te demander pardon». Ces trois étapes sont les trois pas vers la résolution de n'importe quel conflit: te mettre à la place de l'autre, reconnaître ta part de responsabilité et présenter tes excuses. À suivre, et dans l'ordre!

Les conflits se comparent aux comptes en retard. Plus tu attends, plus ils coûtent cher en intérêts. Un bon conseil: paie tes dettes le plus tôt possible avant de perdre ton crédit!

8. Apprendre à dire «plus tard»
As-tu déjà observé les écureuils dans les espaces publics? Quand ils ont aperçu un objet de convoitise, une noix par exemple, ils s'assurent

que l'endroit est sécuritaire avant de s'y diriger, même s'ils veulent cette noix à tout prix.

C'est une stratégie qu'on devrait tous imiter! Avant de te plonger dans une discussion sérieuse pour résoudre un conflit avec quelqu'un, assure-toi que le moment, l'endroit et les deux personnes impliquées soient «sécuritaires». Si tu te lances pour régler le problème alors que la cloche est sur le point de sonner ou si d'autres alliés – d'un côté comme de l'autre – sont présents, ce n'est pas le moment idéal. Ce n'est pas «sécuritaire» d'entamer la discussion dans ces moments-là.

Un mythe à dénoncer: plusieurs personnes, quand elles sont en colère, pensent à tort qu'en disant quelque chose de méchant à l'autre pour le blesser, elles se sentiront soulagées. C'est comme de penser que la douleur ressentie après avoir été griffé par un chat va disparaître si on envoie le chat griffer quelqu'un d'autre! Quand tu es envahi d'émotions fortes, attends de t'être calmé avant de réagir. Cela t'évitera de perdre des amis et de perdre... la face! Tu vois, on a beaucoup à apprendre des écureuils!

9. Apprendre à dire «bonjour!»
Es-tu passif, réactif ou proactif quand vient le temps de rencontrer de nouvelles personnes? Apprendre à se faire de nouveaux contacts est une aptitude des plus profitables. Voici quelques idées pour t'aider dans ce domaine.

- Commence par dire «Bonjour!».
- Affiche ton plus beau sourire.
- Intéresse-toi à la vie de l'autre: d'où il vient, qui est sa famille, qu'est-ce qui lui plaît. Les gens aiment qu'on s'intéresse à eux.
- Aborde un sujet que tu sens passionnant pour ton interlocuteur.

- Garde-toi toujours une blague en poche ; les gens aiment bien rire (la plupart du temps !).

- Sois prêt à offrir une activité ou une sortie, au cas où ça irait particulièrement bien.

Le pouvoir du ton de la voix

As-tu remarqué l'effet d'une musique calme sur un groupe d'individus ou dans un endroit public ? C'est remarquable. La même chose se produit quand tu utilises un ton calme et un débit lent pour gérer tes conflits avec les autres. Tu verras à quel point ce petit détail te permettra de mieux contrôler tes émotions... et celles de ton vis-à-vis !

10. Apprendre à dire « adieu »

Résous les équations suivantes, encercle le résultat le plus élevé et mets un X sur le résultat le plus bas.

$(5 \times 4) + 8 - 2 = \boxed{}$ $25 - (12 \times 3) - 4 = \boxed{}$

$(14 \div 2) \times 2 - (18 - 3) = \boxed{}$ $7 + 7 + 7 + 7 - 28 = \boxed{}$

$1 + 1 + 1 + 5 + 10 + 30 = \boxed{}$ $8 - (4 + 2) + 10 + 20 = \boxed{}$

Tout comme avec ces équations, il faut parfois un peu de temps avant de reconnaître quelles sont les bonnes et les mauvaises influences dans notre vie. Dans l'exemple de l'équation $25 - (12 \times 3) - 4$, le début est très prometteur, n'est-ce pas ? Wow ! 25 ! Cependant, la suite se complique. As-tu connu des relations de ce genre ? Dans d'autres cas, c'est l'inverse qui se produit: ça commence tout doucement (1 + 1 + 1 + 5 +10 + 30), mais il y a des améliorations avec le temps.

Chasse au trésor

Je te propose une chasse au trésor dont l'enjeu est de 100 000 $. Voici l'indice: le trésor se trouve sur le continent nord-américain. Go!

Quelles sont les chances que tu trouves le trésor à partir de cet indice? Elles sont très faibles! Par contre, si je te dis: le trésor est au Canada, au Québec, à Montréal, sur la rue Sainte-Catherine, au numéro 417, au 2e étage, dans la salle de bain des maîtres, dans le deuxième tiroir, au fond. Ce serait plus facile, tu ne trouves pas?

Si tu sens que tes parents ou tes amis ne te comprennent pas, peut-être est-ce parce que tes indications ne sont pas très claires! Peut-être ont-ils même renoncé à trouver le trésor en toi tellement tu es avare de détails! Si tu veux qu'ils découvrent ta richesse, commence par leur donner plus d'indices sur ton trésor intérieur!

Ces équations symbolisent toutes des scénarios relationnels différents et plausibles. Bien qu'il faille se laisser un peu de temps avant de voir ce qu'une relation peut nous apporter, il est aussi important de ne pas attendre d'être rendu à −300 000 avant de l'interrompre. Il faut savoir encercler les relations gagnantes, mais aussi mettre un X sur celles qui ne nous rapportent rien ou qui créent des ennuis.

Les clous dans la clôture

Il était une fois un gamin qui avait souvent tendance à perdre patience. Un jour, son grand-père lui donna un sac de clous et lui demanda de clouer un clou dans la clôture derrière la maison chaque fois qu'il se mettait en colère. Après quelques semaines, le jeune réalisa qu'il lui fallait plus d'efforts pour planter le clou dans la clôture que pour contrôler ses bouffées de colère. Lorsqu'il partagea sa réflexion avec son grand-père, celui-ci lui conseilla alors de retirer un clou chaque fois qu'il réussissait à maîtriser ses accès de rage. Vint le jour où tous les clous furent retirés. Le grand-père prit alors le petit par la main et l'amena jusqu'à la clôture. Sur son ton sage et calme habituel, il lui enseigna alors: «Tu as beaucoup progressé, mon garçon. Mais regarde tous ces trous dans la clôture. Elle ne sera plus jamais comme avant. Lorsque tu t'emportes en disant des choses avec colère, tes paroles et tes gestes laissent des marques profondes dans l'autre. N'oublie jamais cela lorsque la colère voudra de nouveau prendre le dessus sur toi.»

11. Apprendre à se taire

Connais-tu l'histoire de l'arbre qui cache la forêt? Si tu avais le nez collé sur un arbre, serais-tu en mesure de voir s'il y a une forêt en arrière? Absolument pas! Pas plus que tu pourrais me parler de la rivière, du sentier ou des rochers qui s'y trouvent. Si on te demandait de décrire l'arbre, tout ce que tu pourrais en dire concernerait sa couleur et la texture de son écorce... à moins de prendre une certaine distance et de l'explorer sous tous ses angles.

Je peux t'assurer que chaque fois que tu conclus qu'une autre personne est délibérément méchante ou qu'elle se «pense bonne», tu as le nez collé sur l'arbre. Tu te concentres sur une seule partie de l'autre. Tant que tu n'arrives pas à apprécier les attributs positifs d'une personne, c'est que ton mental a le nez collé sur l'arbre.

Une personne qui tombe amoureuse, par exemple, présente le comportement opposé. Elle ne trouve aucun défaut à l'autre! C'est une manifestation du même syndrome. Qu'il soit question de tes profs, de tes parents, de tes amis, de ta famille ou de toi-même, la nature nous a tous conçus avec des forces et des faiblesses. Si tu n'arrives pas à voir l'ensemble, c'est que tu es trop près de l'arbre!

Le problème est que toutes les décisions prises quand tu te tiens si près de l'arbre seront à modifier lorsque tu auras visité toute la forêt. Souvent, on se sent mal quand on doit reconnaître qu'on s'est trompé. Si on a su se taire au bon moment, on n'a pas à réparer nos erreurs et on préserve notre réputation!

12. Apprendre à négocier
Toutes les entreprises qui se démarquent (comme Hilton, Bombardier ou Wal-Mart) ont une chose en commun: elles possèdent d'excellentes aptitudes en négociation.

Tu ne le réalises peut-être pas mais, chaque jour, tu négocies toi aussi: ton frère veut jouer à l'ordinateur alors que tu es en train de l'utiliser – Oh! Oh! Conflit potentiel en vue! Ta mère veut que tu l'aides à préparer le repas alors que tu écoutes ton émission de télé: ça va se compliquer! Bref, encore ici, le programme de base que nous avons reçu au départ n'est pas toujours le plus raffiné!

Il existe au moins quatre stratégies de négociation. Essaie de trouver celle que tu pratiques actuellement et tente de découvrir celle que les grandes entreprises utilisent.

0 – 0

Tu voudrais aller au cinéma avec des amis, mais ta mère t'impose une condition : tu dois d'abord passer l'aspirateur. Tu refuses, sous prétexte que tu vas arriver en retard pour le film si tu acceptes sa condition. Résultat : 0 – 0. Tu ne peux pas sortir et ta mère n'a pas reçu l'aide qu'elle désirait. Dans ce scénario, les deux sont perdants. C'est une stratégie de base très répandue, mais ce n'est pas celle que les gagnants privilégient.

10 – 0

Ton frère veut écouter son émission préférée, mais comme tu es plus grand et plus fort que lui, tu lui retires la télécommande et tu «zappes» au poste que tu souhaites regarder. Tu as eu ce que tu voulais, ton frère pleure et te déteste. 10 – 0 pour toi. C'est la stratégie des myopes : ils voient seulement à court terme ! Ils ont eu ce qu'ils voulaient, mais ils ont une dette envers le perdant. Même chose si tu attends que tes parents nettoient la litière du chat alors que tu avais promis de le faire. Tu peux te réjouir de t'être soustrait à cette tâche, mais tu viens d'affecter leur confiance et ta réputation. Ce n'est donc pas non plus l'option préconisée par les meilleurs.

> *« Parfois, perdre signifie gagner. »*
> Proverbe japonais

0 – 10

Ton amie est déprimée, son chum l'a laissée et elle a beaucoup de peine. Elle te tient au bout du fil pendant des heures à te parler de sa situation.

Tu essaies de l'aider du mieux que tu peux. Malheureusement, tes parents ont besoin du téléphone et à plusieurs reprises ils te demandent de raccrocher. Tu ne les écoutes pas et ils sont maintenant en furie contre toi. De plus, tu avais plusieurs devoirs à faire ce soir-là mais, lorsque tu réussis finalement à conclure votre conversation, il est 21 h 45 et tu n'as plus le goût de faire quoi que ce soit! 0 – 10 pour elle; elle a reçu ton aide, mais ça t'a coûté cher. Mauvaise solution encore une fois!

10 – 10
Ton ami t'invite à aller faire un tour chez lui. De ton côté, tu préférerais plutôt que lui vienne chez toi. Vous faites une entente: je vais chez toi ce soir et demain on fait l'inverse. Les deux fournissent des efforts pour faire en sorte que chacun soit satisfait. 10 – 10. C'est la stratégie favorite des leaders dans tous les domaines.

Et toi, quelle option as-tu tendance à privilégier? Avec qui te retrouves-tu avec des 10 – 0 ou des 0 – 10? Comment te sens-tu quand tu as négocié sur la base du 0 – 0? Du 10 –10? Pourrais-tu reprendre les exemples ci-dessus et trouver une solution pour qu'ils se terminent tous en 10 – 10?

Il existe plusieurs façons de résoudre ces situations problématiques, mais voici quelques suggestions.

- Tu aurais pu t'arranger avec ton jeune frère pour le laisser regarder son émission, comme il était arrivé le premier, et vous entendre pour que le lendemain, ce soit ton tour.

- Pour l'histoire de l'aspirateur, tu aurais pu t'engager à le passer après être allé au cinéma. Tu aurais également pu offrir de le passer pendant les deux prochaines semaines au lieu de le faire une semaine sur deux.

- Enfin, peut-être aurais-tu pu proposer à ta copine dépressive de passer l'heure du lunch avec elle le lendemain? Tu aurais pu lui expliquer que tes parents avaient «vraiment besoin du téléphone», tout en l'assurant qu'elle pourrait compter sur toi pour l'aider le lendemain.

Quand on cherche, on arrive toujours à trouver des idées créatives pour que les deux parties trouvent des avantages dans l'issue du problème.

Références intéressantes

Si tu souhaites approfondir tes habiletés de communication, il y a deux excellents livres que je peux te recommander. Le premier, écrit dans les années 1930, est encore un best-seller de nos jours. C'est agréable à lire, chaque chapitre tient sur une page! Tu peux donc en lire une quand ça te tente. L'auteur s'appelle Dale Carnegie et son livre, *Comment se faire des amis*[25].

Deux Québécois, professeurs à l'Université Laval, ont également écrit un livre remarquable, avec des exemples bien de chez nous. Le titre est *S'affirmer et communiquer*[26]. Ce livre t'apportera beaucoup d'outils supplémentaires, je peux te le garantir!

25. Carnegie, D., *Comment se faire des amis*, Montréal, Les Éditions Quebecor, 2005.
26. Boisvert, J.-M. et M. Beaudry, *S'affirmer et communiquer*, Montréal, Éditions de l'Homme 1995.

Suggestions d'ados pour que tout roule plus facilement avec tes parents

Suggestion de Charlotte Brown, 11 ans

Quand j'ai des projets, j'en parle toujours avec mes parents à l'avance et non à la dernière minute. Si vos parents ont organisé une activité familiale, ils ne voudront sûrement pas que vous alliez dormir chez votre amie, même si ça fait une semaine que vous avez tout préparé. Il vaut mieux s'y prendre plus tôt que trop tard.

Suggestions de Patricia-Isabelle Pouliot, 14 ans

Truc n° 1

Ne jamais mentir. Ça ne sert à rien, juste à vous mettre dans le trouble et, de toute façon, la vérité éclate... Elle finit toujours par se faire savoir.

Truc n° 2

Gâtez vos parents. Vous n'en avez que deux (ou trois ou quatre, selon le cas). Alors, profitez-en! Préparez-leur un beau petit-déjeuner au lit le matin, laissez-leur un petit message du type «Bonne journée» de temps en temps! Choyez-les! Ils vous aiment et ils méritent bien une petite attention de vous pour ensoleiller leur journée.

Suggestions de Dania Boutin

Voici mes trucs:

1. Choisir le moment de la journée pour discuter: ce n'est peut-être pas idéal de parler quand la personne est fatiguée et impatiente.

2. Ne pas se mettre sur la défensive dès le début de la conversation.

3. Ne pas évoquer d'anciens problèmes ou des conflits qui ont eu lieu dans le passé. Par exemple: «Toi, l'année passée, tu n'avais pas été respectueux quand...»

4. Ne pas comparer les réactions actuelles du parent avec celles qu'il a eues avec un autre membre de la famille. Par exemple: «Mon frère avait fait pire et tu n'avais pas été si sévère.»

Suggestion de Gabrielle Légaré

Bonjour! Voici l'histoire d'une jeune fille qui doit avouer quelque chose à sa mère. Lorsqu'elle le fait, tout se passe bien. Sa mère la comprend parfaitement puisque cette situation lui est déjà arrivée à elle aussi! Il faut comprendre que nos mamans et nos papas ont eu notre âge un jour: ils ont vécu les mêmes choses que nous!

Nos parents, il faut tout leur dire. Ils sont là pour ça. Un conseil: n'ayez pas peur de TOUT dire à vos parents. Par la suite, ils vous feront confiance plus facilement. Croyez-moi! J'en ai fait l'expérience.

Suggestion de Marie-Ève Larente, 16 ans

Fréquemment, le matin, je prends le temps d'écrire un petit mot à mes parents. Je leur souhaite de passer une belle journée au travail ou une belle journée de congé. Mes parents répondent toujours avec beaucoup d'amour. C'est comme si je voulais leur offrir un petit rayon de soleil! Ça me fait du bien et je me sens en sécurité. Cela me permet de créer de beaux liens avec eux et ainsi notre communication est plus ouverte.

De plus, j'aime laisser sur le comptoir un papier qui énumère mes tâches de la journée, que ce soit pour la maison ou pour l'école. Je le fais surtout le week-end. Ainsi, mes parents peuvent voir que je suis responsable et autonome. Et cela m'aide à ne rien oublier. Alors, si j'ai à discuter avec eux d'une sortie ou d'un privilège, ils savent que je sais comment organiser mon temps. Je sais très bien que cela m'aide à mieux faire valoir ce que je veux leur demander. En outre, je bâtis un lien de confiance plus grand avec eux.

Suggestion d'Ingrid Boivin

Dans ma famille, pour que nos relations soient excellentes, nous prenons le temps de nous parler chaque fois que quelque chose nous dérange. Pour que tout soit vraiment parfait, nous prenons le temps tous les dimanches de sortir ou de faire une activité en famille. C'est vraiment agréable. Nous nous sentons plus proches et nous avons beaucoup de plaisir ensemble.

Suggestion de Sarah Bérubé

Lorsque vient le temps d'aborder les sujets les plus sérieux (ceux qui mènent souvent à une dispute ou à un débat interminable), pourquoi ne pas faire parvenir vos impressions par écrit? Il est bien plus facile d'exprimer vos sentiments lorsque vous êtes seul que de le faire au beau milieu du «champ de bataille». Le destinataire pourrait alors réfléchir sur votre point de vue et vous éclairer sur ses idées. Il sera aussi incité à vous les transmettre par le même moyen de communication. Finis les débats qui ne mènent nulle part et qui détériorent la relation parent-ado! Finies les dépenses inutiles d'énergie! Voilà une façon efficace de régler bien des conflits.

Suggestion de Vanessa Côté-Thouin

Il arrive parfois que les adolescents ou les parents aient de la difficulté à communiquer et à choisir les bons mots. Moi, j'agis de façon subtile: j'aborde le sujet par petites doses et je développe tranquillement mes idées sur mon problème. Par exemple, j'utilise des documents écrits sur le sujet. Ou bien j'écris mes propres sentiments sur une feuille. Par la suite, je donne le document ou la feuille à mes parents et j'attends qu'ils lisent. Ensuite, le dialogue débute plus facilement. Nous avons alors une discussion plus calme. De plus, ça me donne la liberté de m'exprimer complètement avant d'échanger verbalement.

Suggestions de Caroline Beauséjour

Il y a de nombreuses années que je ne m'entends pas très bien avec mon père. Nous avons tous les deux un caractère très fort et l'incompréhension est souvent présente entre nous. En vieillissant, je me suis rendu compte que même si je rouspétais sans arrêt, je n'aurais jamais le dernier mot. Donc, il y a de cela quelques mois, j'ai décidé de restreindre mes paroles et d'analyser ma colère avant de l'exprimer. Oui, c'est sûr, cela m'est parfois très difficile de garder le silence sur le coup, mais ça rapporte gros par la suite.

J'ai trouvé un moyen de faire valoir mon point de vue tout en voyant mieux celui de mes parents. Ce moyen, c'est d'écrire. Tous les adolescents devraient faire cela. Écrire ce qu'on pense, tant les points positifs que négatifs, écrire nos attentes envers nos parents, écrire comment on se sent par rapport à leurs règlements ou à leurs comportements, en toute sincérité. Par exemple, un jour, alors que je m'étais vraiment engueulée avec mon père et que la tension était très forte entre lui et moi, j'ai mis ma colère par écrit. Celle-ci s'est alors adoucie pour laisser place aux regrets. Plus j'écrivais, plus je me rendais compte de ses erreurs, mais surtout des miennes. Je suis donc allée lui porter ma lettre en mains propres, sans dire un mot, et je suis partie. Il a pris un certain temps avant de venir me reparler. Je crois qu'il était surtout ému de voir que je savais reconnaître mes erreurs et de constater que je lui reprochais des choses qu'il ignorait. Par la suite, il m'a parlé et il m'a raconté comment il se sentait durant nos disputes... et tout a bien fini !

Suggestions de Sylvie Bélanger

1. Si tu veux que tes parents t'écoutent, écoute-les ! Par exemple, si ta mère n'est pas d'accord pour que tu ailles coucher chez ta meilleure amie, laisse-la parler d'abord et dis-lui ensuite pourquoi tu tiens tant à y aller. Bien sûr, ne t'énerve pas, parle calmement, car te frustrer contre elle ne t'avantagera pas.

2. Fais des compromis ! Voici un exemple. Tu as prévu aller à un gros party en fin de semaine chez ton chum (ou ta blonde). Tes parents ne veulent pas te laisser y aller. Essaie de négocier avec eux : en échange, tu pourrais peut-être faire le ménage de ta chambre, laver la vaisselle, bref, faire quelque chose d'utile qui ferait plaisir à tes parents. Peut-être qu'ils te laisseront alors aller au *party*. Voilà un truc à essayer !

3. Garde le sourire ! As-tu déjà vu un vendeur essayer de te vendre quelque chose en t'engueulant ou en boudant ? Peut-être que oui, mais tu n'as sûrement pas acheté son produit. C'est la même chose avec tes parents : tu es le vendeur et tes parents, les

acheteurs. Rien ne sert de demander (ou tout simplement de dire) quelque chose à tes parents en ayant juste envie de les engueuler, ils te diront NON tout de suite. Alors, garde le sourire!

Conclusion

Es-tu d'accord pour dire que tes relations avec les autres figurent parmi les facteurs qui peuvent le plus affecter ton humeur et la qualité de tes journées? Si tout va super bien avec tes amis, tes parents et tes profs, tu ressens une joie et une énergie qui peuvent te faire traverser tes obstacles avec le sourire. Par contre, il suffit d'un conflit avec une seule personne pour que les problèmes s'enchaînent:

- Tu deviens plus grincheux.
- Tu es bête avec les autres sans raison.
- Il devient difficile de te concentrer sur tes travaux, donc ton rendement est diminué.
- Tu t'en veux d'avoir été peu aimable avec la personne en question ou avec les autres, dès lors ton estime personnelle diminue.
- Etc.

Bref, c'est toute ta journée – et peut-être même ta semaine – qui en est affectée. Certaines personnes détruisent leur vie de cette façon. Heureusement, ce ne sera sûrement pas ton choix.

Tu as reçu les outils pour te construire une équipe de rêve ou un conseil d'administration solide et compétent qui pourra t'aider dans toutes les difficultés qui se présenteront à toi mais, aussi, à relever des défis et réaliser tes rêves. Que tu le veuilles ou non, tu as déjà un conseil d'administration. Penses-y! Tu as déjà des personnes autour de toi qui t'influencent. Tu as toutefois reçu les indications «billgatiennes» pour

Devenir son propre chef

améliorer ton réseau encore plus. Pour préserver une confiance et une harmonie avec les personnes qui siègent à ton conseil, voici une dernière pensée : **beaucoup de gens peuvent accepter que tu te trompes, mais pas que tu les trompes.**

« Les personnes qu'on rencontre sont toutes nos professeurs : certaines nous enseignent quoi faire, d'autres quoi ne pas faire. Il n'en tient qu'à nous, et à nous seuls, de décider lequel de ces deux modèles on veut imiter. »

Satguru Sivaya Subramuniyaswami

Finalement, les relations exceptionnelles commencent avec un sentiment de bien-être personnel et avec la fierté de ce que tu es. Si tu te sens moche, poche ou croche, tu t'entoureras de personnes qui te retournent cette image. Être un PDG proactif, qui poursuit sa chasse aux morceaux de casse-tête ou aux lettres qui le composent : voilà le point de départ de toute relation satisfaisante. Vient ensuite l'application des 12 lois dont on a parlé. Si tu peux améliorer ta fierté personnelle et enrichir ton conseil d'administration, ne serait-ce que d'un iota par jour, tu seras en route vers une vie fantastique. Je te le souhaite sincèrement.

Conclusion de la deuxième partie

Deuxième conclusion de partie. Tu te rappelles les critères d'évaluation? Voici donc mon résumé.

Où te trouves-tu actuellement? À la maison? Dans ta chambre? Regarde devant toi. Que vois-tu? Ton futur? «Ben non! J'vois la porte de ma chambre!» C'est souvent l'erreur que commettent certains ados: ils souffrent de la myopie du futur. Tu ne vois que ce qui t'entoure, que ce qui est tangible. C'est ce qui occupe toute ton attention, toute ton énergie. Tu penses beaucoup plus à cela qu'à te préparer pour ton avenir. Je comprends.

Si tu veux aider ton futur tout en restant devant ta porte, j'ai une suggestion! Écris les mots suivants sur une feuille de papier:

Passif, réactif ou proactif?

Les lettres de ma personnalité: C O N N A Î T R E.

P, PD ou PDG.

Pente moyenne ou raide?

Planification et habitudes.

Bill Gates.

Dire, dire oui, faire dire oui, non, qu'est-ce que, merci, je suis désolé, plus tard, bonjour, adieu, me taire et négocier.

Après avoir écrit tout cela sur ta feuille, exploite les stratégies des spécialistes en publicité: affiche cette feuille sur la porte de ta chambre, mets-en une copie dans ta case, colle-la sur le frigo si tu veux! L'idée est qu'en donnant ces mots à ton visuel chaque jour, il t'aidera à accomplir toutes ces tâches de ton adolescence.

Alors, combien me donnes-tu cette fois? __ / 10

Conclusion finale

C'est finiiiiiii !

Encore une fois, toutes mes félicitations ! Tu t'es rendu jusqu'à la fin. Bravo ! As-tu déjà écrit un livre ? (Quoi ? Certains ados l'ont fait !) Quand on écrit un livre, c'est un peu comme quand on remet un travail en classe, un travail pour lequel on a beaucoup travaillé. On a hâte d'avoir la note. Dans mon cas, le problème est que je ne connais pas le professeur et je n'ai aucune idée de ses critères d'évaluation. Je me sens donc particulièrement anxieuse d'avoir mes résultats. J'espère que mon prof aura aimé !

Dans ce cas-ci, c'est toi qui peux me donner le meilleur *feedback*. Et tout comme lorsque tu rates un examen tu peux te reprendre durant les autres épreuves de l'année, je pourrai aussi améliorer mon livre dans la prochaine édition si tu me donnes des directives pour me réajuster. Ça me ferait donc grand plaisir de lire tes réactions (penteraide@hotmail .com) et d'avoir la note que tu me donnes.

Par ailleurs, il y a une foule de sujets non abordés ; je ne voulais quand même pas t'offrir une brique de 500 pages ! Je tiens cependant à te dire que si tu traverses une période particulièrement difficile, n'hésite pas à te trouver un *coach* pour t'aider à t'en sortir plutôt que de t'enliser ; tu parviendras ainsi à te sortir du problème beaucoup plus rapidement.

Si tu as eu du plaisir à lire ce livre, recommande-le à tes amis ! Tu peux aussi partager les nombreuses expressions avec les membres de ton conseil d'administration et mettre ainsi un peu d'humour dans ton quotidien. Par exemple, si tu trouves que ton frère est réactif quand tu veux lui emprunter son chandail, que ta copine se brasse le Pepsi, que ton chum est du style Lada, que ton prof a une pente très raide, que le directeur ressemble à Terry Fox, que ta mère fait du bouttisme ou encore que ton père est PD (il vaudrait mieux lui parler de PDG d'abord !), ne te gêne pas ! Ça te permettra de bien rigoler et de garder en tête toutes les informations que tu as apprises !

Petite note philosophique en terminant. Nous sommes tous quelque part et nous allons tous ailleurs, et cet ailleurs n'est pas ici. En d'autres mots, il y a une certitude : la personne que tu es aujourd'hui est différente de celle que tu seras demain. Il faut donc prendre goût au voyage, aux changements, à l'aventure que chaque instant t'offre. Tu as devant toi plusieurs DVD de ta vie à enregistrer. Tu as par contre certains éléments que tu ne peux éliminer, qui feront partie de tes enregistrements. Par exemple, tu traverseras des périodes de remise en question – c'est super ! C'est ce qui te permet de te retrouver. Tu rencontreras beaucoup de problèmes – magnifique ! N'oublie pas que les D donnent le P ! Tu vivras des relations excitantes, enrichissantes, dévalorisantes, déstabilisantes. Tant mieux ! Ça te permettra d'enrichir ton bagage de connaissances. Si tu exerces ton pouvoir là où tu peux plutôt que d'être passif ou réactif, je sais que tu seras fier de revoir tes DVD et même de les présenter aux autres. Je te souhaite de devenir le meilleur acteur et metteur en scène de ta vie.

Bonne route,

Danie Beaulieu

ex-ado

Sites Web

Sites reliés à l'emploi

emplois-ete.com

Le programme Emplois d'été: Échanges étudiants est un programme d'emplois d'été de six semaines (du début juillet à la mi-août) pour les étudiants de 16 et 17 ans retournant aux études en septembre.

emploietudiant.qc.ca

Le Placement étudiant du Québec répond aux besoins en main-d'œuvre étudiante de la fonction publique québécoise, des entreprises privées et des municipalités. Son fonctionnement s'apparente à celui d'un service de recrutement et de placement de personnel. Au service de la clientèle étudiante et des entreprises depuis 35 ans, il a permis à plus d'un demi-million d'étudiants et d'étudiantes (de 14 ans et plus) de faire leurs preuves.

cjedesjardins.qc.ca

Pour les 16 à 35 ans, les Carrefours jeunesse-emploi Desjardins offrent des possibilités de stages en région ou à l'étranger.

emploirium.com

Emploirium.com a été conçu pour faciliter ta recherche d'emplois en regroupant en un seul endroit une liste décrivant des centaines de sites offrant des emplois au Québec. Le répertoire compte plus de 460 babillards d'emplois et de nouveaux babillards sont ajoutés tous les mois.

jobs-ete.com

Plus de 20 000 emplois d'été proposés en Europe et à l'étranger dès 16 ans par l'ANPE (Agence nationale pour l'emploi) et le réseau de l'information jeunesse.

Camps d'été en anglais pour ados

Camp Sun & Fun :
www.campsunfun.com

Ekocamp International :
www.ekocamp.com

AngloFun :
www.anglofun.qc.ca

La grande aventure en anglais :
www.grandeaventureenanglais.com

Agences de voyages

Ces agences proposent des séjours linguistiques en immersion, des cours de langues et des camps d'été pour adolescents à l'étranger.

www.vuvoyage.com

www.langtra.com

www.immersion-vte.com

www.langage.com

Sites d'information et de discussion

www.jeunesante.ca

www.adosante.org

La santé vous préoccupe? Allez donc visiter adosante.org. Il vous aidera à vous garder en pleine forme. De l'alimentation à l'exercice, de l'hygiène à la prudence, ce site est un guide fort intéressant pour tous les ados!

www.questiondado.com

Voici le site pour répondre à tes questions quotidiennes en tant qu'adolescent. Ce site, rédigé par des ados et des professionnels, t'apprend tout ce qu'il faut savoir à propos de la sexualité, de la toxicomanie et de la santé. Un site à ajouter absolument à ton annuaire Web!

www.ovpm.org (section culturelle)

Le site culturel par excellence pour les ados, lequel contient un super forum avec toutes sortes d'activités différentes. En plus de la possibilité de converser avec des personnes de partout dans le monde, tu peux t'inscrire dans un super agenda de fête, t'instruire sur différentes cultures, connaître les habitudes et traditions d'autres personnes et, qui sait, peut-être te feras-tu de nouveaux amis!

Table des matières

Première partie
Le Big Bang de la puberté

Deuxième partie
Devenir son propre chef

Achevé d'imprimer au Canada
sur les presses de Imprimerie Lebonfon Inc.